门萨超级脑力体操

MENSA MIND OBSTACLE COURSE:
THE ULTIMATE ENDURANCE TEST FOR YOUR BRAIN

【英】戴夫·查顿 著　丁大刚 张斌 译

华东师范大学出版社

图书在版编目（CIP）数据

门萨超级脑力体操／（英）查顿著；丁大刚，
张斌译.—修订本.—上海：华东师范大学出版社，
2015.12
（门萨智力大师）
ISBN 978-7-5675-4518-2

Ⅰ.①门… Ⅱ.①查… ②丁… ③张… Ⅲ.①智力测
验 Ⅳ.①G449.4

中国版本图书馆 CIP 数据核字(2016)第 004642 号

MENSA MIND OBSTACLE COURSE: THE ULTIMATE ENDURANCE TEST
FOR YOUR BRAIN by DAVE CHATTEN
Copyright：© 1998 TEXT BY BRITISH MENSA LIMITED,
1998 DESIGN AND ARTWORK BY CARLTON BOOKS LIMITED
This edition arranged with CARLTON BOOKS
through BIG APPLE AGENCY, INC., LABUAN, MALAYSIA.
Simplified Chinese edition copyright：
2012 SHANGHAI 99 CULTURE CONSULTING CO., LTD.
All rights reserved.

上海市版权局著作权合同登记　图字：09-2012-684 号

门萨智力大师系列
门萨超级脑力体操

著　　者　[英]戴夫·查顿
译　　者　丁大刚　张斌
项目编辑　陈斌　许静
审读编辑　严小敏　王红菠
特约编辑　周洁
装帧设计　李佳

出版发行　华东师范大学出版社
社　　址　上海市中山北路 3663 号　邮编 200062
网　　址　www. ecnupress. com. cn
电　　话　021-60821666　行政传真 021-62572105
客服电话　021-62865537　门市(邮购)电话 021-62869887
门市地址　上海市中山北路 3663 号华东师范大学校内先锋路口
网　　店　http://hdsdcbs. tmall. com/

印　刷　者　宁波市大港印务有限公司
开　　本　890×1240　32 开
印　　张　8
字　　数　270 千字
版　　次　2016 年 5 月第 2 版
印　　次　2020 年 8 月第 5 次
书　　号　ISBN 978-7-5675-4518-2/G·8924
定　　价　32.00 元

出版人　王焰

MENSA 门萨高智商俱乐部

　　门萨(MENSA)的组织成员有一个共同特征：智商在全世界排名前2%。单在美国，共有超过5万名的门萨成员认识到了他们的出众才智，但还有450万人对自己的潜能一无所知。

　　如果您喜欢智力测试，可以在这套"门萨智力大师系列"中找到很多很好的训练题。相信您最终会成为2%中的一位，或许您会发现自己已是其中一名。

　　您是一个爱交往的人吗？或者是否想结识与您志趣相投的人？如果是的话，请加入到门萨的智力训练和讨论中来吧。在门萨俱乐部几乎每天都会有新鲜话题，所以您有的是机会和别人交流，结交新的朋友。不管您的爱好如猜字谜般寻常还是似古埃及学般玄秘，在门萨的特殊兴趣群体中您总能找到志同道合的伙伴。

　　快来挑战自己吧!看看您到底有多聪明！我们始终欢迎新成员携他们的新思路融入到我们的高智商群体中。

门萨国际部地址：

Mensa International

15 The Ivories, 628 Northampton Street

London N1 2NY, England

目 录

Content

第二部分

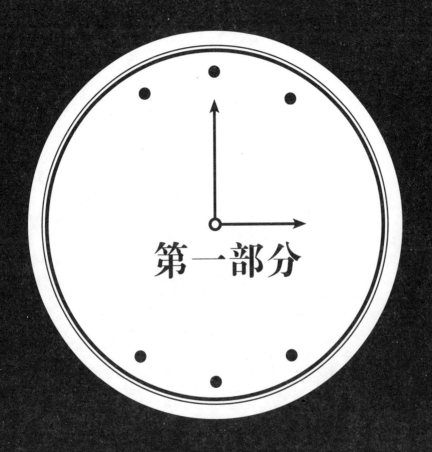

第一部分

推理

发挥你的推理能力，终结这238道谜题。

就是福尔摩斯，也值得一试哦!

脑力挑战 1

在下列每组单词中，哪个字母在前两个单词中各出现了一次，而在后两个单词中根本没有出现过?

1. FRUITAGE	INTERPLAY	INTERMISSION	OSTEOPOROSIS
2. RIPCORD	SHIELDING	WISTFUL	OCTAGONAL
3. PINNACLE	COMPLAISANT	PINCERS	MATCHBOX
4. IMPLICATION	MULTIFORD	STAMINA	WARDSHIP
5. YEOMANLY	VALENCE	SPADEWORK	CARAMELIZE
6. RAMSHACKLE	MARSHMALLOW	STARDUST	OCCUPATION
7. PAWNBROKER	SINKAGE	WONDERFUL	SACRIFICE
8. WINDSCREEN	IMPARTIAL	FICTITIOUS	CAMPAIGN
9. INCRIMINATE	FINGERPRINT	ALPINE	BLUEBELL
10. COBBLESTONE	ESTIMATE	GRANITE	IGNORANCE
11. JAVELIN	ABRASIVE	PROMPTITUDE	RHOMBUS
12. PICTURESQUE	IMMACULATE	SITUATION	HIDEOUS
13. EDUCATIONAL	MUNDANE	STEADILY	RIDGEPOLE
14. RICOCHET	GEOLOGICAL	OSPREY	POLYCARBON
15. ROBUSTIOUS	SPELLBOUND	THUNDERCLAP	MOUTHPIECE
16. LYRICISM	HAMSTRING	THISTLEDOWN	WORDLESS
17. SORTILEGE	DISGRACED	PRIESTHOOD	SOPRANO
18. GRAPEFRUIT	ACIDIFIES	HEADLAND	INVENTIVE

答案页码

22

19. SPECIFY   INVARIABLE   LAMINATION   STANDARD

20. AROMATHERAPY INSPECTION   MAGNIFICENT   DIRECTOR

脑力挑战 2

从第一个单词中抽出一个字母，放在第二个单词中，组成两个新的单词。不允许改变单词的字母顺序，不可以使用复数。需要移动哪个字母？

21. SALLOW	BAIL
22. PITCH	SALE
23. PRIDE	SLOE
24. SWAMP	CLAP
25. STILL	FACE
26. THREE	NICE
27. VALUE	CASE
28. WHEAT	FAST
29. MONTH	GLAD
30. METAL	HOLY
31. WRING	FIST
32. TWINE	COME
33. PROUD	BOND
34. DARTED	BEACH
35. CURVED	SHOE
36. CREASE	BAND
37. BUNGLE	CATER
38. BRIDGE	FINER
39. TWAIN	HUNT
40. STOOP	FLAT

脑力挑战 3

什么单词与第一个单词具有相同的意义，并且与第二个单词押韵？

41. CRACK — DRAKE

42. BOTTOM — CASE

43. RELAX — BEST

44. TRUMPET — CUBA

45. TRUE — MEAL

46. REAR — LACK

47. HOOP — SING

48. CORROSION — MUST

49. GRIT — HAND

50. THREAD — GRAND

脑力挑战 4

根据下面的形状回答下列问题。

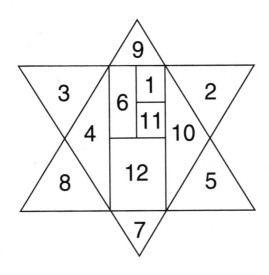

51. 这个图形中有多少个三角形？

52. 这个图形中有多少个长方形？

53. 这个图形中有多少个六边形？

54. 用三角形内的数字之和减去长方形内的数字之和，结果是多少？

脑力挑战 5

超市里共有6个走道，从入口处分别被标为1，2，3，4，5，6。洗衣粉与瓶子相邻，但洗衣粉不是你进入超市时看到的第一件商品。你将在看到面包走道之前看到肉类走道。瓶子之前两个走道是罐子。水果之后4个走道是肉类。请问：

55. 最后一个走道（走道6）是什么？

56. 瓶子在哪个走道？

57. 第一个走道是什么？

58. 罐子在哪个走道？

脑力挑战 6

在一间汽车展厅中，白色汽车位于展厅的一端，紫色汽车位于另一端。红色汽车与黑色汽车相邻，并且与蓝色汽车相隔3个位置。黄色汽车与蓝色汽车相邻，并且距离紫色汽车比距离白色汽车近。银色汽车与红色汽车相邻。绿色汽车与蓝色汽车相隔5个位置。黑色汽车与绿色汽车相邻。请问：

59. 银色汽车与红色汽车相比，哪辆汽车距离紫色汽车较近？

60. 哪辆汽车与白色汽车相隔3个位置？

61. 哪辆汽车与紫色汽车相邻？

62. 哪辆汽车在银色和蓝色汽车之间？

有人调查了人们在过去12个月中参与的度假类型。按照他们的居住方式分为3种：自助式、酒店式和露营式。参与调查的人数为107人。其中，只参与自助式度假的人数比只参与酒店式度假的人数多5人。有8人只参与了露营式度假。有5人3种类型的度假都参与了。59人在过去的12个月中没有住过酒店。只参与露营式度假的人数是参与酒店式和露营式但没有参与自助式度假的人数的4倍。参与露营式度假的人数共有35人。请问：

63. 只参与酒店式度假的人数是多少？
64. 参与自助式和酒店式但没有参与露营式度假的人数是多少？
65. 没有参与露营式度假的人数是多少？
66. 只参与其中两种类型度假的人数是多少？

脑力挑战 8

在图书馆里的一天，64人借阅图书。只借阅惊险小说的人数是只借阅科幻小说人数的2倍。3人只借阅传记。11人既借阅科幻小说又借阅惊险小说，但没有借阅传记。借阅传记和惊险小说但没有借阅科幻小说的人数等于3种图书都借阅的人数。21人没有借阅惊险小说。借阅科幻小说和传记的人数比只借阅传记的人数多1人。请问：

67. 总共有多少人借阅传记？
68. 多少人只借阅其中两种图书？
69. 多少人三种图书都借阅？
70. 多少人只借阅惊险小说？

答案页码 23 & 24

按照字母顺序排列，位于每组给出的两个单词之间的单词应该是什么？根据提示回答。

71.	CURIOUS	—	CURRANT	Twist or roll
72.	BARRICADE	—	BARROW	Obstruction
73.	CABRIOLET	—	CAMPAIGN	French town famous for cheese
74.	CALM	—	CALVARY	Unit of energy
75.	DAUGHTER	—	DAY	Beginning
76.	DUO	—	DUPLICATE	Deceive
77.	EPIC	—	EPIGRAM	Widespread disease
78.	EPISODE	—	EPITAPH	Letter
79.	FAINT	—	FAITH	Fantasy world
80.	FALSE	—	FAME	Waver
81.	GOLD	—	GONDOLA	A sport
82.	GRAFT	—	GRAMMAR	Cereal
83.	HEROINE	—	HERSELF	Fishbone pattern
84.	HESITATE	—	HEW	Coarse fabric
85.	IMMATURE	—	IMMERSE	Instant
86.	JOG	—	JOKE	Junction of two or more parts
87.	KIOSK	—	KISMET	Smoked fish
88.	LEAF	—	LEAK	An association
89.	LIMBER	—	LIMIT	Rhyme
90.	MEDDLE	—	MEDICAL	Intervene

脑力挑战 10

将A、B、C、D、E 5组单词与下面题目中的单词配对。

91. EXTRA

92. WALL

93. VENUS

94. BEND

95. NONE

A	B	C	D	E
Mercury	Zero	Arch	Surplus	Fence
Pluto	Nil	Bow	Excess	Gate
Jupiter	Nought	Curve	Residue	Hedge
Saturn	Nothing	Concave	Remainder	Barrier

脑力挑战 11

将A、B、C、D、E 5组单词与下面题目中的单词配对。

96. WAYNE

97. FOXGLOVE

98. GARNISH

99. TOUGH

100. TWILIGHT

A	B	C	D	E
Dusk	Brando	Durable	Poppy	Trimmings
Sundown	Bogart	Strong	Crocus	Accessories
Sunset	Travolta	Sturdy	Peony	Frills
Nightfall	Swayze	Hardy	Aster	Extras

答案页码
24

脑力挑战 12

将A、B、C、D、E 5组单词与下面题目中的单词配对。

101. JACKET

102. CONSTABLE

103. PUZZLE

104. CHOPIN

105. CUT

A	B	C	D	E
Ernst	Borodin	Reduce	Baffle	Cover
Rembrandt	Vivaldi	Decrease	Bewilder	Wrapper
Dali	Liszt	Lessen	Confuse	Sleeve
Picasso	Elgar	Curtail	Flummox	Envelope

脑力挑战 13

将A、B、C、D、E 5组单词与下面题目中的单词配对。

106. FRANKENSTEIN

107. COUNTRY

108. ANISEED

109. CONVICTION

110. TRANQUIL

A	B	C	D	E
Calm	Cumin	Kingdom	Werewolf	Theory
Peaceful	Nutmeg	Realm	Demon	View
Restful	Thyme	State	Dracula	Belief
Serene	Saffron	Nation	Vampire	Opinion

脑力挑战 14

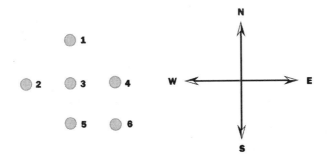

在上面的地图中，A在C的北面，在D的东面。B在F的西南面，E的西北面。请问：

111. 哪个城市在点1处？

112. 哪个城市在最西面？

113. 哪个城市在A的西南面？

114. 哪个城市在D的北面？

115. 哪个城市在点6处？

脑力挑战 15

某个月有5个星期三，并且第三个星期六是18号。请问：

116. 这个月有多少个星期一？

117. 这个月的最后一个星期日是几号？

118. 这个月的第三个星期三是几号？

119. 23号是星期几？

120. 7号是星期几？

脑力挑战 16

三兄妹把洗好的衣物夹在晒衣绳上晾晒。每根晒衣绳上的衣物有一件衬衫、一件套头衫和一条毛巾。每个人都有一件斑点图案、一件素色图案和一件条纹图案的衣物，但兄妹之间同样图案的衣物互不同类。桑德拉的套头衫的图案与保罗的毛巾的图案相同。保罗的套头衫的图案与凯利的毛巾的图案相同。凯利的套头衫的图案是条纹。桑德拉的衬衫的图案是斑点。请问：

121. 谁有一件斑点套头衫？
122. 桑德拉的毛巾是什么图案？
123. 谁有一件条纹衬衫？
124. 凯利的套头衫是什么图案？
125. 保罗的毛巾是什么图案？

脑力挑战 17

乔安娜、理查德和托马斯三位同学各自的课桌上有一支钢笔、一支蜡笔和一个文具盒。他们各自物品上分别有一只猫的图案、大象的图案和兔子的图案，但他们之间同样图案的物品互不同类。乔安娜的文具盒的图案与托马斯的钢笔的图案相同。理查德的钢笔的图案与乔安娜的蜡笔的图案相同。理查德的文具盒上有一只猫的图案。托马斯的钢笔上有一头大象的图案。请问：

126. 谁的钢笔上有一只猫的图案？
127. 理查德的蜡笔上是什么图案？
128. 谁的文具盒上有一只兔子的图案？
129. 托马斯的文具盒上是什么图案？
130. 谁的蜡笔上是一只兔子的图案？

脑力挑战 18

下列每个问题中，右面的数字是通过对左面数字使用同一个运算公式得到的。请找出其中的运算规则，用一个数字替换问号。

131. 4 ——→ 13
7 ——→ 22
1 ——→ 4
9 ——→ ?

132. 6 ——→ 2
13 ——→ 16
17 ——→ 24
8 ——→ ?

133. 8 ——→ 23
3 ——→ 13
11 ——→ 29
2 ——→ ?

134. 6 ——→ 10
5 ——→ 8
17 ——→ 32
12 ——→ ?

135. 18 ——→ 15
20 ——→ 16
6 ——→ 9
14 ——→ ?

136. 31 ——→ 12
15 ——→ 4
13 ——→ 3
41 ——→ ?

137. 10 ——→ 12
19 ——→ 30
23 ——→ 38
14 ——→ ?

138. 9 ——→ 85
6 ——→ 40
13 ——→ 173
4 ——→ ?

139. 361 ——→ 22
121 ——→ 14
81 ——→ 12
25 ——→ ?

140. 21 ——→ 436
15 ——→ 220
8 ——→ 59
3 ——→ ?

答案页码
26

141. 5 ⟶ 65
2 ⟶ 50
14 ⟶ 110 .
8 ⟶ ?

142. 15 ⟶ 16
34 ⟶ 92
13 ⟶ 8
20 ⟶ ?

143. 5 ⟶ 38
12 ⟶ 80
23 ⟶ 146
9 ⟶ ?

144. 7 ⟶ 15
16 ⟶ 51
4 ⟶ 3
21 ⟶ ?

145. 36 ⟶ 12
56 ⟶ 17
12 ⟶ 6
40 ⟶ ?

146. 145 ⟶ 26
60 ⟶ 9
225 ⟶ 42
110 ⟶ ?

147. 25 ⟶ 72
31 ⟶ 108
16 ⟶ 18
19 ⟶ ?

148. 8 ⟶ 99
11 ⟶ 126
26 ⟶ 261
15 ⟶ ?

149. 8 ⟶ 100
13 ⟶ 225
31 ⟶ 1089
17 ⟶ ?

150. 29 ⟶ 5
260 ⟶ 16
13 ⟶ 3
40 ⟶ ?

脑力挑战 19

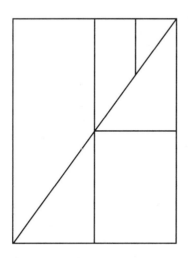

151. 这个图案中有多少个不同的部分?

152. 这个图案中有多少个三角形?

153. 这个图案中有多少个长方形?

154. 这个图案中有多少个直角?

155. 如果中间的垂线是在中垂线,那么有多少对全等三角形?

脑力挑战 20

	猴子	骆驼	狮子
野生动物园 A	42	25	16
野生动物园 B	35	21	14
野生动物园 C	48	32	10

156. 哪个公园猴子的数量是公园B骆驼数量的2倍?

157. 哪个公园狮子的数量是总狮子数量的四分之一?

158. 哪个公园骆驼和狮子数量之和等于猴子的数量?

159. 哪个公园猴子的数量是公园A狮子数量的3倍?

160. 哪个公园骆驼的数量是其中一个公园狮子数量的2倍?

答案页码
26

脑力挑战 21

写出与下列单词词义相反并且以字母A开头的单词。

161. VANISH   **162.** BELOW

163. FORFEIT   **164.** CONVICT

165. SWEETNESS   **166.** PRESENT

167. IMAGINARY   **168.** EXTEND

169. OPPRESSIVE   **170.** IMMATURE

脑力挑战 22

写出与下列单词词义相反并且以字母H开头的单词。

171. EXCEPTIONAL   **172.** SERIOUS

173. DIGNIFY   **174.** FRIENDLY

175. DOCILE   **176.** FREE

177. DESPAIRING   **178.** PROSPERITY

179. VILLAIN   **180.** SATISFIED

脑力挑战 23

在一张画有冬景的图片上，有人戴着帽子、围巾和手套。只戴帽子的人数与只戴围巾和手套的人数相同。只有4人没有戴帽子。5人戴帽子和围巾，但没有戴手套。只戴帽子的人数是只戴围巾人数的2倍。8人没有戴手套。7人没有戴围巾。三样东西都戴的人数比只戴帽子的人数多1。请问：

181. 多少人3样东西都戴了？

182. 多少人只戴了手套？

183. 多少人只戴了围巾？

184. 多少人戴了帽子和手套，但没有戴围巾？

185. 多少人戴了手套?

186. 图片中有多少人?

脑力挑战 24

在一家商店里,孩子们可以买炸土豆条、糖果和汽水。只买糖果的孩子比只买炸土豆条的孩子多2人。37个孩子没有买糖果。买炸土豆条和汽水但没买糖果的孩子比只买糖果的孩子多2人。总共有60个孩子买汽水,但其中只有9个孩子只买汽水。12个孩子只买炸土豆条。只买糖果的孩子比买糖果和汽水的孩子多1人。买炸土豆条和糖果但没买汽水的孩子比买炸土豆条和汽水但没买糖果的孩子多3人。请问:

187. 多少孩子3样东西都买?

188. 多少孩子买炸土豆条和糖果,但没买汽水?

189. 多少孩子买炸土豆条和汽水,但没买糖果?

190. 多少孩子来到这家商店?

191. 多少孩子没有买炸土豆条?

192. 多少孩子只买糖果?

脑力挑战 25

香肠、炸薯条和豆子供22人享用。只享用香肠和炸薯条的人数与只享用香肠和豆子的人数相同。只有7人没有享用炸薯条。只享用炸薯条和豆子的人数与只享用炸薯条的人数相同。享用豆子和香肠但没有享用炸薯条的人数是只享用香肠人数的2倍。1人只享用了豆子。3样东西都享用的人数比只享用炸薯条的人数多2人。请问:

193. 多少人3样东西都享用?

194. 多少人只享用香肠?

195. 多少人没有享用豆子?

196. 多少人没有享用香肠?

197. 多少人享用炸薯条和豆子但没有享用香肠？

198. 多少人只享用香肠和炸薯条？

脑力挑战 26

在运动会上，跑得最快的选手们参加短跑、跨栏和接力。只参加跨栏的选手比只参加短跑的选手多1人。参加短跑和跨栏的人数与参加接力和跨栏的人数相同。参加这3种赛跑的运动员中有11人没有参加接力。5人参加短跑和接力。3人这3种赛跑全部参加。接力赛跑中有4个队，每个队4人。参加接力和短跑的人数比只参加跨栏的人数多1人。请问：

199. 总共有多少名选手参与比赛？

200. 多少人只参加接力？

201. 多少人没有参加跨栏？

202. 多少人没有参加短跑？

203. 多少人参加跨栏和接力，但没有参加短跑？

204. 多少人只参加两种赛跑？

脑力挑战 27

有人做了一项关于观看电视节目的调查。结果显示了人们观看肥皂剧、纪录片和电影的百分比。26％的人3种电视节目都观看。39％的人不看纪录片。只看肥皂剧的人的百分比加上只看电影的人的百分比等于观看电影和纪录片的人的数量。27％的人不看电影。14％的人看肥皂剧和纪录片。3％的人只看纪录片。请问：

205. 多少百分比的人看肥皂剧和电影，但不看纪录片？

206. 多少百分比的人只看肥皂剧？

207. 多少百分比的人看电影和纪录片，但不看肥皂剧？

208. 多少百分比的人只看电影？

209. 多少百分比的人只看其中的两种电视节目？

210. 多少百分比的人只看其中的一种电视节目？

脑力挑战 28

　　在一家自采果实农场上，只采摘悬钩子的人数是只采摘李子人数的2倍。采摘草莓、悬钩子和李子的人数比只采摘李子的人数多3人。只采摘草莓的人数比采摘悬钩子和草莓但没有采摘李子的人数多4人。50人没有采摘草莓。11人采摘李子和悬钩子，但没有采摘草莓。总共有60人采摘李子。采摘水果的总人数是100。请回答下列问题：

211. 多少人采摘悬钩子？
212. 多少人3种水果都采摘？
213. 多少人只采摘悬钩子？
214. 多少人采摘李子和草莓，但没有采摘悬钩子？
215. 多少人只采摘草莓？
216. 多少人只采摘了其中的两种水果？

脑力挑战 29

　　一所大学教授的课程有手工艺、科学和人文。新入校的学生最多只能学习其中的两门学科。学习手工艺和人文的学生比只学习手工艺的学生多1人。学习科学和人文的学生比学习手工艺和科学的学生多2人。学习手工艺和人文的学生是学习手工艺和科学的学生的1/2。21个学生没有学习手工艺。3个学生只学习人文。6个学生只学习科学。请问：

217. 多少个学生没有学习科学？
218. 多少个学生学习科学和人文？
219. 多少个学生学习两门学科？
220. 多少个学生只学习一门学科？
221. 多少个学生没有学习人文？
222. 多少个学生只学习手工艺？

答案页码
28 & 29

脑力挑战 30

一个养狗场有拉布拉多猎狗、阿尔萨斯牧羊犬、灵和这些品种的杂交狗。纯种拉布拉多猎狗的数量比纯种阿尔萨斯牧羊犬的数量多2只。6只狗是拉布拉多猎狗和阿尔萨斯牧羊犬的杂交。10只狗没有拉布拉多猎狗和阿尔萨斯牧羊犬血统。只有1只狗是3个品种的混血。拉布拉多猎狗和阿尔萨斯牧羊犬杂交狗的数量是拉布拉多猎狗和灵杂交狗数量的2倍。阿尔萨斯牧羊犬和灵杂交狗的数量比拉布拉多猎狗和灵杂交狗数量多1只。22只狗没有阿尔萨斯牧羊犬血统。养狗场里总共有40只狗。请问：

223. 有多少只纯种拉布拉多猎狗？

224. 有多少只纯种阿尔萨斯牧羊犬？

225. 有多少只纯种灵？

226. 有多少只拉布拉多猎狗和灵杂交狗？

227. 有多少只阿尔萨斯牧羊犬和灵杂交狗？

228. 有多少只狗没有拉布拉多猎狗血统？

脑力挑战 31

什么单词与第一个单词具有相同的意义，并且与第二个单词押韵？

229. FRUIT	—	GATE	**230.** PRICE	—	LOST
231. STOPPER	—	FORK	**232.** LEAN	—	SHIN
233. SPHERE	—	WALL	**234.** LINK	—	FOND
235. INSTRUMENT	—	CARP	**236.** FACE	—	TILE
237. GROOVE	—	BLOT	**238.** LOAN	—	SEND

门萨评分体制

　　把你的得分与下面的评分表比照。如果你不满16岁，记得要加上你的年龄段嘉奖分。

　　目的是看你有多聪明。每章的结尾有最聪明者晋升等级。每题1分。

　　下面是门萨超级脑力的评定等级。你可能会在某一章晋级，也可能在另一章降级。只有最聪明的人才会晋级到五星上将。

门萨超级脑力军团军衔结构

三等兵
二等兵
一等兵
准下士
下士
中士　　　　　　　　　　　一般智力水平
军士长
少尉
中尉
上尉
少校　　　　　　　　　　　较高智力水平
中校
上校
上将　　　　（一星）　　　很高智力水平
　　　　　　（二星）
　　　　　　（三星）
　　　　　　（四星）
　　　　　　（五星）

　　如果你的得分达到了少校或更高的等级，我们建议您与门萨高智商俱乐部联系，要求进行智商测试。

参考答案

脑力挑战 1

1. A.　　　　**2.** D.　　　　**3.** L.　　　　**4.** O. L　　　**5.** N.

6. H.　　　　**7.** K.　　　　**8** R.　　　　**9** T.　　　　**10.** S.

11. V.　　　**12.** C.　　　**13.** U.　　　**14.** I.　　　**15.** B.

16. M.　　　**17.** G.　　　**18.** F.　　　**19.** E.　　　**20.** P.

脑力挑战 2

21. S，组成的新单词为 Allow，Basil.

22. C，组成的新单词为 Pith，Scale.

23. P，组成的新单词为 Ride，Slope.

24. M，组成的新单词为 Swap，Clamp.

25. T，组成的新单词为 Sill，Facet.

26. H，组成的新单词为 Tree，Niche. 或者 R，组成的新单词为 Thee，Nicer.

27. U，组成的新单词为 Vale，Cause.

28. E，组成的新单词为 What，Feast.

29. N，组成的新单词为 Moth，Gland.

30. T，组成的新单词为 Meal，Hotly.

31. R，组成的新单词为 Wing，First.

32. T，组成的新单词为 Wine，Comet.

33. U，组成的新单词为 Prod，Bound.

34. R，组成的新单词为 Dated，Breach.

35. V，组成的新单词为 Cured，Shove.

36. R，组成的新单词为 Cease，Brand.

37. N，组成的新单词为 Bugle，Canter.

38. G，组成的新单词为 Bride，Finger.

39. A，组成的新单词为 Twin，Haunt.

40. O，组成的新单词为 Stop，Float.

脑力挑战 3

41. Break.

42. Base.

43. Rest.

44. Tuba.

45. Real.

46. Back.

47. Ring.

48. Rust.

49. Sand.

50. Strand.

脑力挑战 4

51. 14.

52. 7.

53. 2（利用分割数字1，6，7，9，11，12和1，4，6，10，12）.

54. 18

脑力挑战 5

走道的顺序为：1.水果，2.罐子，3.洗衣粉，4.瓶子，5.肉类，6.面包。

55. 面包
56. 4
57. 水果
58. 2

脑力挑战 6

从一端到另一端的顺序是：白色，绿色，黑色，红色，银色，黄色，蓝色，紫色。

59. 银色
60. 红色
61. 蓝色
62. 黄色

脑力挑战 7

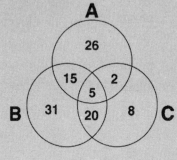

A = 酒店式
B = 自助式
C = 露营式

63. 26   **64.** 15   **65.** 72   **66.** 37

脑力挑战 8

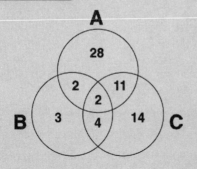

A = 惊险小说
B = 传记
C = 科幻小说

67. 11.　　**68.** 17.　　**69.** 2.　　　**70.** 28.

脑力挑战 9

71. Curl.　　　　　　**72.** Barrier.

73. Camembert.　　　 **74.** Calorie.

75. Dawn.　　　　　　**76.** Dupe.

77. Epidemic.　　　　 **78.** Epistle.

79. Fairyland.　　　　**80.** Falter.

81. Golf.　　　　　　 **82.** Grain.

83. Herringbone.　　　**84.** Hessian.

85. Immediate.　　　　**86.** Joint.

87. Kipper.　　　　　 **88.** League.

89. Limerick.　　　　 **90.** Mediate.

脑力挑战 10

91. D.　　　**92.** E.　　　**93.** A.　　　**94.** C.　　　**95.** B.

脑力挑战 11

96. B.　　　**97.** D.　　　**98.** E.　　　**99.** C.　　　**100.** A.

脑力挑战 *12*

101. E.   **102.** A.   **103.** D.   **104.** B.   **105.** C.

脑力挑战 *13*

106. D.   **107.** C.   **108.** B.   **109.** E.   **110.** A.

脑力挑战 *14*

111. F.   **112.** B.   **113.** E.   **114.** F.   **115.** C.

脑力挑战 *15*

116. 4 个   **117.** 26 号

118. 15 号   **119.** 星期四

120. 星期二

脑力挑战 *16*

凯利有一件条纹套头衫、一件素色衬衫和一件斑点毛巾；保罗有一件斑点套头衫、一件条纹衬衫和一件素色毛巾；桑德拉有一件素色套头衫、一件斑点衬衫和一件条纹毛巾。

121. 保罗   **122.** 条纹

123. 保罗   **124.** 条纹

125. 素色

脑力挑战 *17*

乔安娜钢笔上有一只猫的图案，蜡笔上有一只兔子的图案，文具盒上有一头大象的图案；理查德钢笔上有一只兔子的图案，蜡笔上有一头大象的图案，文具盒上有一只猫的图案；托马斯钢笔上有一头大象的图案，蜡笔上有一只猫的图案，文具盒上有一只兔子的图案。

126. 乔安娜   **127.** 大象

128. 托马斯   **129.** 兔子

130. 乔安娜

脑力挑战 18

131. 28。($\times$ 3) + 1.

132. 6。(-5) $\times$ 2.

133. 11。($\times$ 2) + 7.

134. 22。($\times$ 2) $-$ 2.

135. 13。($\div$ 2) + 6.

136. 17。(-7) $\div$ 2.

137. 20。(-4) $\times$ 2.

138. 20。(平方) + 4.

139. 8。($\sqrt{}$) + 3.

140. 4。(平方) $-$ 5.

141. 80。($+8$) $\times$ 5.

142. 36。(-11) $\times$ 4.

143. 62。($\times$ 6) + 8.

144. 71。($\times$ 4) $-$ 13.

145. 13。($\div$ 4) + 3.

146. 19。($\div$ 5) $-$ 3.

147. 36。(-13) $\times$ 6.

148. 162。($+3$) $\times$ 9.

149. 361。$+2$，然后平方.

150. 6。-4，然后 $\sqrt{}$.

脑力挑战 19

151. 6. **152.** 6. **153.** 5. **154.** 14. **155.** 4.

脑力挑战 20

156. A. **157.** C. **158.** B. **159.** C. **160.** C.

脑力挑战 21

161. Appear.

162. Above.

163. Acquire.

164. Acquit.

165. Acerbity.

166. Absent.

167. Actual.

168. Abbreviate.

169. Airy.

170. Adult.

脑力挑战 22

171. Humdrum.

172. Humorous.

173. Humiliate.

174. Hostile.

175. Headstrong.

176. Held/Hold.

177. Hopeful.

178. Hardship.

179. Hero.

180. Hungry.

脑力挑战 23

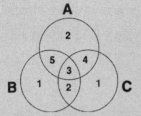

A = 帽子
B = 围巾
C = 手套

181. 3.   **182.** 1.   **183.** 1.   **184.** 4.   **185.** 10.   **186.** 18.

脑力挑战 24

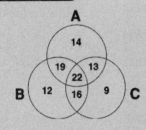

A = 糖果
B = 炸土豆条
C = 汽水

187. 22.   **188.** 19.   **189.** 16.   **190.** 105.   **191.** 36.   **192.** 14.

脑力挑战 25

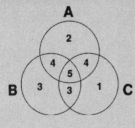

A = 香肠
B = 炸薯条
C = 豆子

193. 5.   **194.** 2.   **195.** 9.   **196.** 7.   **197.** 3.   **198.** 4.

脑力挑战 26

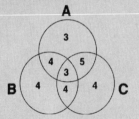

A = 短跑
B = 跨栏
C = 接力

199. 27.　　**200.** 4.　　**201.** 12.　　**202.** 12.　　**203.** 4.　　**204.** 13.

脑力挑战 27

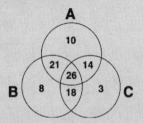

A = 肥皂剧
B = 电影
C = 纪录片

205. 21.　　**206.** 10.　　**207.** 18.　　**208.** 8.　　**209.** 53.　　**210.** 21.

脑力挑战 28

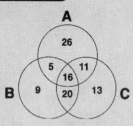

A = 悬钩子
B = 草莓
C = 李子

211. 58.　　**212.** 16.　　**213.** 26.　　**214.** 20.　　**215.** 9.　　**216.** 36.

脑力挑战 29

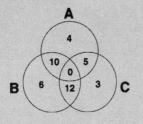

A = 手工艺
B = 科学
C = 人文

217. 12.　　**218.** 12.　　**219.** 27.　　**220.** 13.　　**221.** 20.　　**222.** 4.

脑力挑战 30

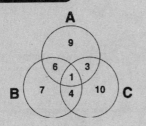

A = 拉布拉多猎狗
B = 阿尔萨斯牧羊犬
C = 灵

223. 9.　　**224.** 7.　　**225.** 10.　　**226.** 3.　　**227.** 4.　　**228.** 21.

脑力挑战 31

229. Date.

230. Cost.

231. Cork.

232. Thin.

233. Ball.

234. Bond.

235. Harp.

236. Dial.

237. Slot.

238. Lend.

评分标准

你的成绩如何?

晋级标准（参见18页）:

低于120分	"回到新兵训练营去"。三等兵。
121—150	"通过新兵训练"。二等兵。
151—190	一等兵
191—220	准下士
221 +	下士

如果你不满16岁，不要忘记加上年龄嘉奖分

年　龄	10	10.5	11	11.5	12	12.5	13	13.5	14	14.5	15	15.5
嘉奖分	40	35	30	25	20	18	16	14	12	10	8	4

数字

跨越这150道数学难题，
需要敏捷的思维和清晰的头脑。

脑力挑战 1

6个孩子发明了一种纸牌游戏和得分体制。它使用面值为A~10的纸牌，纸牌A的得分为1。在每局中，获得的纸牌的数值即为那个孩子的得分，得分最多的人获胜。规则是：方块的得分是其面值的两倍；如果在一局中，两个或两个以上的孩子获得的纸牌的面值相同，那么他们就得那张纸牌的负分（方块仍然翻倍）。他们每人都获得了6张牌，如下所示：

玩家	局1		局2		局3		局4		局5		局6	
1	6	♥	3	♠	A	♦	9	♣	10	♥	4	♠
2	10	♠	A	♠	7	♥	6	♦	5	♠	8	♣
3	7	♦	8	♥	4	♣	3	♥	A	♣	5	♣
4	4	♥	9	♦	7	♠	5	♦	10	♣	3	♦
5	8	♠	5	♥	6	♠	9	♠	2	♠	4	♦
6	3	♣	2	♣	9	♥	7	♣	10	♦	8	♦

当每局分值加起来之后，哪个（些）玩家：

1. 排名第三？

2. 赢？

3. 排名最后？

4. 第四张牌发完后赢？

5. 得分可以被3整除？

6. 第二最高分是多少？

7. 所有分数之和是多少？

答案页码

脑力挑战 2

一位农场主仅仅饲养了4种牲畜。他总共有560个牲畜。如果他的绵羊数量少10，那么他的绵羊数量将是母牛数量的2倍。如果他的母牛数量少10，那么他每有一头猪，将有3头母牛。他每有一匹马就有两头半头猪。请问：

8. 他有多少头猪？

9. 他有多少匹马？

10. 如果他用自己75%的母牛交换绵羊，并且每头母牛换7只绵羊，那么他将总共有多少个牲畜？

11. 交换之后，他有多少只绵羊？

脑力挑战 3

12. 在下面的这个网格中，如果只能使用数字1到7，那么这些符号应该用什么数字替换？

		△		☆	14
☆		△		◉	19
		◉			23
	☆	◉	☆	☆	9
		☆	■		23
16	15	19	18	20	?

脑力挑战 4

在下面的序列中，问号处应该填入什么数字？

13. 7　　　9　　　16　　　25　　　41　　　?

14. 4　　　14　　　34　　　74　　　?

15. 2　　　3　　　5　　　5　　　9　　　7　　　14　　　?　　　?

16. 6　　　9　　　15　　　27　　　?

17. 11　　　7　　　−1　　　−17　　　?

18. 8　　　15　　　26　　　43　　　?

19. 3.5　　　4　　　7　　　14　　　49　　　?

脑力挑战 5

在下面这些数字网格中，问号处应该填入什么数字？

20.

A	B	C	D	E
7	5	3	4	8
9	8	8	8	8
6	4	9	3	5
8	3	6	?	9

21.

A	B	C	D	E
7	8	7	9	7
5	5	8	5	9
6	3	7	3	9
4	4	8	6	?

答案页码
58 & 59

22.

A	B	C	D	E
3	5	4	6	3
4	8	5	9	7
6	1	5	4	6
1	2	?	1	4

脑力挑战 6

问号处应该填入什么数字？

23.

24.

25.

26.

 + = 27   − = 6

 x = ?

脑力挑战 7

左边方框内的数字沿顺时针方向旋转，结果形成右边方框内的位置。缺少的数字位置应该在哪里？

27.

1		
2	6	7
11		1
10	3	5

2		
	10	
7		2
	11	

28.

1		
22	15	34
12		14
23	21	19

2		
14		12
19		23

29.

1		
3	5	8
1		6
17	7	9

2		
	1	
5		8
	7	

脑力挑战 8

问号处应该填入什么数字?

30.

7534	41	3
9624	72	5
5816	42	?

31.

3569	2307	104
7678	5426	380
9925	4185	?

32.

6225	1210	20
7946	6324	188
3483	1224	?

脑力挑战 9

　　把下面的两个网格分成4个完全相同的形状。每个形状中包含的数字之和必须等于给出的数。

33. 总和120

8	7	6	8	7	12	9	1
7	12	7	6	4	3	2	14
8	9	7	8	5	7	11	1
8	8	10	7	6	16	10	1
4	9	13	4	12	2	15	6
8	5	2	2	4	9	8	15
6	9	8	14	14	8	2	1
9	6	10	5	12	1	5	17

34. 总和134

5	7	8	15	4	7	5	6
11	6	9	8	16	12	10	10
7	12	10	12	3	11	6	8
6	7	2	5	7	7	15	10
12	15	10	8	5	12	8	7
6	7	11	13	9	6	9	6
9	8	10	6	8	8	1	2
3	6	4	10	10	10	15	15

答案页码 60

脑力挑战 10

网格A和B的数值已经给出。网格C的数值是多少？

35.

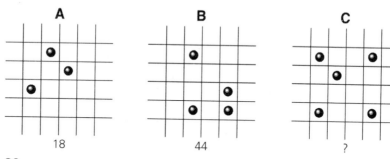

36.

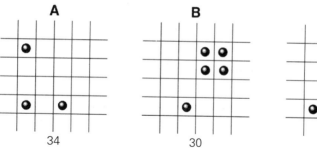

三角形代表网格的数值，圆代表网格数值的两倍。网格A和B的数值已经给出。网格C的数值是多少？

37.

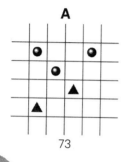 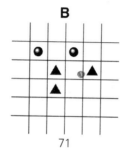 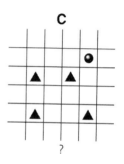

脑力挑战 11

计算下面图形中问号处应该填入的数字。 每个数字只能使用一次，不能翻转。

38.

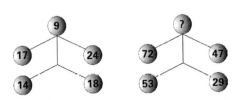

39.

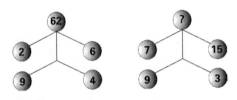

40.

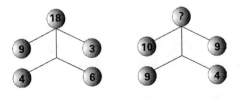

41.

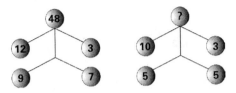

答案页码
60

42.

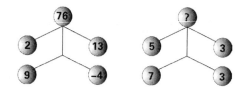

43.

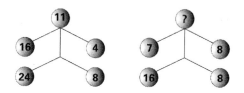

44.

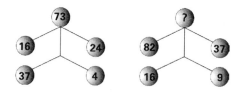

45.

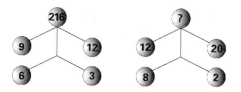

46.

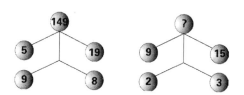

47.

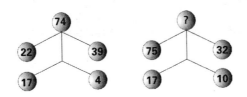

脑力挑战 12

从顶端数字开始，找到一条向下的路径，每次只下行一层，直到到达最底端的数字。

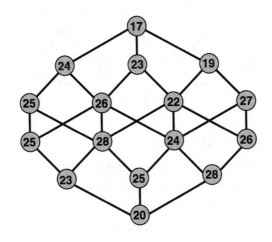

48. 找到一条路径，使得数字之和等于130。

49. 分别找到两条路径，使得各自数字之和都等于131。

50. 最大的数字之和是多少，遵循什么样的路径？

51. 最小的数字之和是多少，遵循什么样的路径？

52. 获得数字之和等于136的路径有几条，分别是什么？

答案页码
61

脑力挑战 13

从顶端数字开始，找到一条向下的路径，每次只下行一层，直到到达最底端的数字。

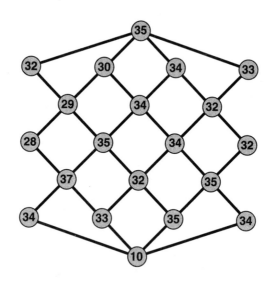

53. 找到一条路径，使得数字之和等于216。

54. 分别找到两条路径，使得各自数字之和都等于204。

55. 最大的数字之和是多少，遵循什么样的路径？

56. 最小的数字之和是多少，遵循什么样的路径？

57. 获得数字之和等于211的路径有几条，分别是什么？

脑力挑战 14

在下面的每个问题中，前3串的数值已经给出，请计算出最后一串的数值。黑色、白色和阴影圆圈所代表的数值不同。

58.

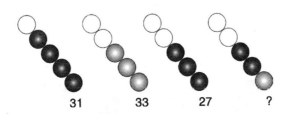

31　　33　　27　　?

59.

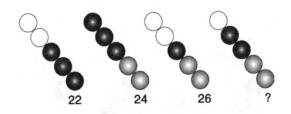

22　　24　　26　　?

60.

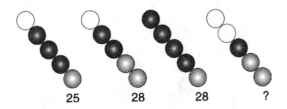

25　　28　　28　　?

61.

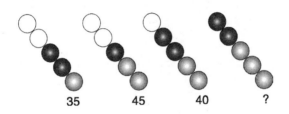

35　　45　　40　　?

答案页码
61

62.

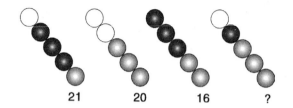

63.

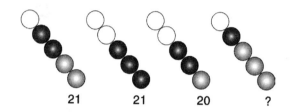

64.

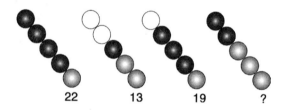

65.

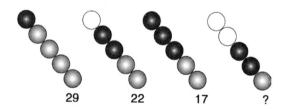

66.

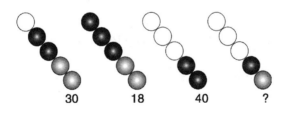

30　18　40　?

67.

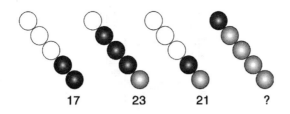

17　23　21　?

脑力挑战 15

下面网格中的每个符号代表一个不同的数值。这个符号的数值也被赋予了与其相邻的所有方格，包括其对角线的方格。那个数值的一半也被添加进了与它们相邻的方格。如果有两个或两个以上的符号有重叠的数值，那么就使用那些数字的和。参见下面的例子。

	A	B	C	D	E	F.
1	2	2	2	2	0	0
2	4	4	4	2	0	0
3	4	×	4	2	0	0
4	4	4	4	2	0	0
5	2	2	2	2	0	0
6	0	0	0	0	0	0

+

	A	B	C	D	E	F
1	0	5	5	5	5	5
2	0	5	10	10	10	5
3	0	5	10	△	10	5
4	0	5	10	10	10	5
5	0	5	5	5	5	5
6	0	0	0	0	0	0

=

	A	B	C	D	E	F
1	2	7	7	7	5	5
2	4	9	14	12	10	5
3	4	×	14	△	10	5
4	4	9	14	12	10	5
5	2	7	7	7	5	5
6	0	0	0	0	0	0

如果　× = 4，△ = 10

那么网格的数值将会像例子中看上去的那样

答案页码
62

$$C1 = (D3 \times \frac{1}{2}) + (B3 \times \frac{1}{2}) = 7$$
$$A5 = B3 \times \frac{1}{2} = 2$$
$$D4 = D3 + (B3 \times \frac{1}{2}) = 12$$

根据下面网格的信息，完成这个网格，并且回答下面的问题：

	A	B	C	D	E	F
1						
2	32	●			⊤	16
3			□			
4		⊤			□	
5					●	
6			22			28

68. 方格D1的数值是多少？

69. 方格A3的数值是多少？

70. 方格F3的数值是多少？

71. 符号"□"的值是多少？

72. 哪个方格的数值最小？

73. 符号●和⊤的值是多少？

74. 哪3个方格的数值是32？

现在，应用同样的规则，尝试更难的网格：

	A	B	C	D	E	F
1	△					24
2			★	△	△	
3	37		⊗			
4					⊗	
5		⊗				
6				△		20

75. 这3个符号的值分别是多少?

76. 哪个方格的数值最大?

77. 方格C4的数值是多少?

78. 哪个方格的数值最小?

79. 方格E3的数值是多少?

80. 有多少个方格的数值是64?

脑力挑战 16

从左上端的圆圈开始顺时针移动。计算出问号处应该填入的数字:

81.

82.

83.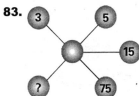

84.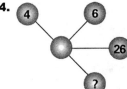

85.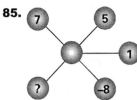

86.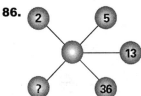

答案页码
62

87.

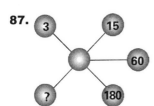

88.

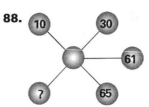

89.

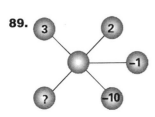

90.

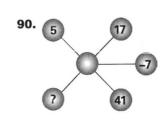

91.

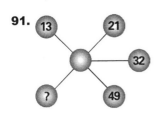

92.

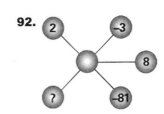

93.

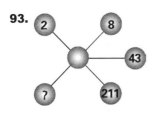

94.

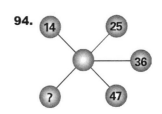

95.

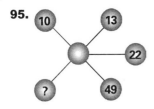

96.

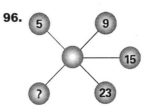

97.

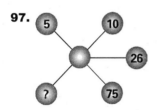

98.

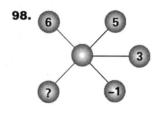

99.

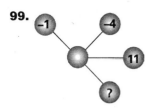

100.

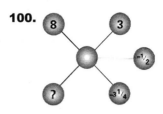

脑力挑战 17

在下面的蝴蝶结中,中间结中的数字是通过只使用外围全部数字一次而得到的。不能翻转这些数字而得到答案。问号处应该填入什么样的数字?

101.

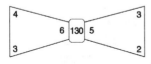

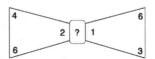

102.

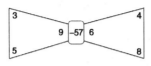

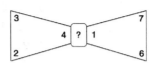

103.

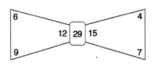

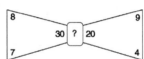

答案页码 62 & 63

104.

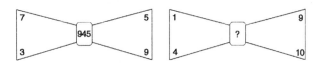

105.

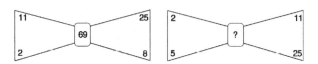

106.

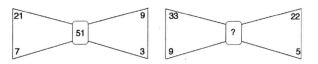

脑力挑战 18

在下面的网格中，交叉点的数值等于与其相邻的4个数字之和。

	A	B	C	D	E	F	G	
1	30	19	28	26	25	36	16	29
2	24	20	26	23	24	23	24	22
3	26	29	27	20	25	29	27	23
4	20	23	28	32	29	30	24	22
5	30	28	27	22	30	26	27	29
6	20	28	23	28	32	29	31	26
7	25	27	25	27	30	26	24	19
	26	26	29	23	24	28	24	28

请回答下面的问题：

107. 数值为100的3个交叉点是什么？

108. 哪个（些）交叉点的数值为92？

109. 有多少个交叉点的数值小于100？

110. 数值最大的交叉点的数值是多少？

111. 哪个交叉点的数值最小？

112. 哪个（些）交叉点的数值是115？

113. 有多少个交叉点的数值是105，分别是什么？

114. 有多少个交叉点的数值是111，分别是什么？

脑力挑战 19

　　请计算出下面房屋屋顶中问号处应该填入的数字。每个窗户和门上的数字只能使用一次，不能翻转这些数字。

115.

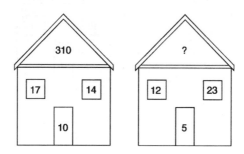

116.

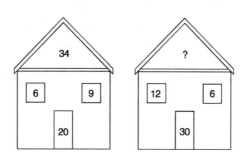

117.

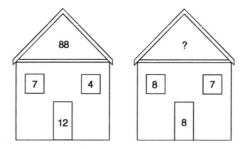

118.

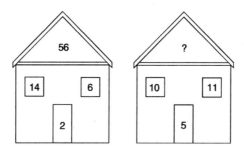

119.

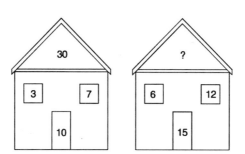

120.

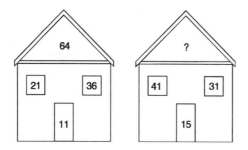

脑力挑战 20

121. 如果一个数字的三分之二等于128/3的四分之三，那么这个数字是多少？

122. 如果一个数字的平方根的一半等于20的五分之一，那么这个数字是多少？

123. 如果一个正数的一半被平方，然后再减半，结果等于原数，那么这个数字是多少？

124. 如果一个数字的四分之一等于512的立方根，那么这个数字是多少？

125. 如果一个正数的50%等于这个数字的平方根的两倍，那么这个数字是多少？

126. 如果一个数字的两倍的平方等于50的一半，那么这个数字是多少？

127. 如果一个数字减去3，得到的差再平方，结果比原数的平方少45，那么这个数字是多少？

答案页码
63

128. 如果一个数字的10倍等于另一个数字的平方根，而后者是前者的1000倍，那么这个数字是多少？

129. 如果一个数字的26倍是4 × 50.7的1/26，那么这个数字是多少？

130. 如果一个数字的40倍是7 × 8 × 10的一半，那么这个数字是多少？

131. 0.18+0.19怎么能够与lion（狮子）联系起来？

132. 如果两个正整数的平方之和等于50，那么这两个数字分别是多少？

133. 一位店主有满满一箱钉子，里面装有8200个钉子。他还有250包每包装有12个钉子，200包每包装有24个钉子，180包每包装有10个钉子，372个散装的钉子。他还能在这个箱子中装多少个钉子？

134. 西蒙有一包糖果。当他设法把它们均分成3堆时，有一个剩余。当他设法把它们均分成4堆、5堆、6堆时，同样还是有一个剩余。但当他把它们均分成7堆时，没有任何剩余。他开始时有多少个糖果？

135. 有一个八位数，其中1、2、3、4各有两个。1被一个数字分开，2被两个数字分开，3被3个数字分开，4被4个数字分开。这个8位数是几（有两个可能）？

136. 一个人玩轮盘赌，赢了一注。他每赢一次，就赌自己总钱数的一半，希望赢的时候能够使自己的赌注翻倍。他开始有 $64，经过8轮旋转之后，他有 $546.75。他赢和输的次序是怎么样？

137. 在下面的和中，如果x是一个整数，那么x的数值是多少？
$$x^3 + (2x)^2 = 8 \times 3$$

脑力挑战 21

下面的扇形中，问号处应该填入什么数字。

138.

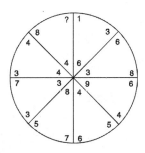

139.

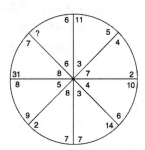

140.

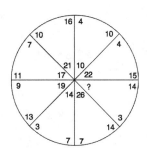

答案页码
64

脑力挑战 22

141. 如果艾伦给布伦达＄5.50，他们两个将有同样数量的钱。如果布伦达给艾伦＄1.50，艾伦的钱数将是布伦达的两倍。他们开始时有多少钱？

142. 一个孩子有4种不同种类的硬币：1c，5c，10c，25c，50c，1，但4种硬币的数量相等。如果总值为＄20.28，那么这个孩子每种硬币各有多少枚？

143. 100除以1/2，然后加7，结果是多少？

144. 一个8in × 8in × 8in（in = 英寸）的立方体被浸入油漆中，然后被切成半英寸的立方体。请问：

（a）一个表面上有油漆的立方体有多少个？

（b）两个表面上有油漆的立方体有多少个？

（c）三个表面上有油漆的立方体有多少个？

145. 一个小城中有1000个家庭。其中15%家庭的电话号码没有登记到电话号簿，20%家庭根本没有电话号码。如果你从电话号簿中随机选择500个号码，那么这些家庭中将有多少家的电话号码没有登记到电话号簿？

146. 用数学运算符号+、−、×、÷替换下面的问号，一个符号只能使用一次，应该如何放置这些符号才能得到最大的结果，结果是什么？

4？2？5？4？9 =

147. 用数学运算符号+、−、×、÷替换下面的问号，一个符号只能使用一次，应该如何放置这些符号才能得到最大的结果，结果是什么？

4？5？6？3？7 =

答案页码
64

148. 你向这个奇怪的镖靶上投掷3支飞镖。如果全部击中，而且如果3个数字次序不同不计，那么有多少种方法可以得50分？

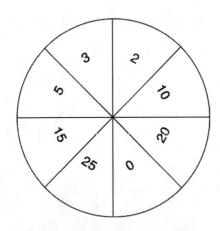

149. 一辆车以45英里/时的速度行进，其后面跟着的一辆车以40英里/时的速度行进。如果第一辆车行驶165英里之后停下来，那么第二辆车需要多长时间才能赶上来？

150. 下列问号处应该填入什么数字？

2	6	7	9	1			6	1	4	3	8			4	0	3	3	5		
8	0	2	7	6	D	F A	9	4	4	2	3	B I H	?	?	?	?	?	G C E
5	3	0	2	4			3	2	6	8	7			1	9	7	8	1		

参考答案

脑力挑战 1

1. 玩家2

2. 玩家3

3. 玩家6

4. 玩家3

5. 玩家1，4，6

6. 21

7. 46

脑力挑战 2

8. 50

9. 20

10. 1280

11. 1170

脑力挑战 3

12.

$\square$ = 3　　$\triangle$ = 5　○ = 2　◯ = 7　● = 4　★ = 1　■ = 6

脑力挑战 4

13. 66。前两个数字相加。

14. 154。（n + 3）× 2。

15. 9，20。两个序列：+3，+4，+5等等；每次 +2。

16. 51。（2n − 3）。

17. − 49。（2n − 15）。

18. 70。（2n−1²），（2n−2²），等等。

19. 343。（n × 前一个 n ）÷ 2。

脑力挑战 5

20. 2。(A × B) – (D × E) = C

21. 6。(B × C) + A = D × E

22. 4。(第一行 – 第三行) + 第二行 = 第四行

脑力挑战 6

23. 97。把钟表的指针所指数字（不是时间）作为一个总数表达，时针所指数字在前，分针所指数字在后。

113 – 16 = 97。

其他两个为：51 + 123 = 174；911 + 82 = 993。

24. 36。把钟表的指针所指数字（不是时间）表达为分针 – 时针，然后再计算。

(2 – 11) × (8 – 12) = (–9) × (–4) = 36。

其他两个为：(12 – 3) × (7 – 5) = 9 × 2 = 18；(6 – 2) × (8 – 1) = 4 × 7 = 28。

25. 🕐16。阴影部分数值之和。

26. 216。把钟表的指针所指数字（不是时间）加在一起，然后再计算。

(3 + 9) × (12 + 6) = 12 × 18 = 216。

其他两个：(12 + 6) + (6 + 3) = 18 + 9 = 27；(12 + 9) – (9 + 6) = 21 – 15 = 6。

脑力挑战 7

27.

5		3
1		6

顺时针移动所给出数字的英语拼写的字母个数位置（例如11移动6个位置，因为 eleven 有6个字母）。

28.

	21	
15		34
	22	

顺时针移动所给出数字减1个位置。

29.

17		6
9		3

顺时针移动所给出数字加1个位置。

脑力挑战 8

30. 2。第一个数的（千、百位－十、个位）＝第二个数，第二个数的（十位－个位）＝第三个数。

31. 280。第一个数的（第一位数 × 第四位数）＝第二个数的（第一和第四位数）；第一个数的（第二位数 × 第三位数）＝第二个数的（第二和第三位数）；…

32. 28。第一个数的（第一位数 × 第二位数）＝第二个数的（第一和第二位数）；第一个数的（第三位数 × 第四位数）＝第二个数的（第三和第四位数）；…

脑力挑战 9

33.

8	7	6	8	7	12	9	1
7	12	7	6	4	3	2	14
8	9	7	8	5	7	11	9
8	8	10	7	6	16	10	1
4	9	13	4	12	2	15	6
8	5	2	2	4	9	8	15
6	9	8	14	14	8	2	1
9	6	10	5	12	1	5	17

34.

5	7	8	15	4	7	5	6
11	6	9	8	16	12	10	10
7	12	10	12	3	11	6	8
6	7	2	5	7	7	15	10
12	15	10	8	5	12	8	7
6	7	11	13	9	6	9	9
9	8	10	6	8	8	1	2
3	6	4	10	10	10	15	15

脑力挑战 10

35. 40

4	5	12	13
3	6	11	14
2	7	10	15
1	8	9	16

36. 36

16	9	8	1
15	10	7	2
14	11	6	3
13	12	5	4

37. 41。网格数字同第37题答案。

脑力挑战 11

38. 37。（左上＋右上）－（左下＋右下）。

39. 156。（左上 × 右下）＋（左下 × 右上）。

40. 54。（左上 × 左下）－（右上 × 右下）。

41. 12。（左下 × 右下）－（左上＋右上）。

42. 68。（左上² － 右下）＋（左下² － 右上）。

43. 9。（左上 × 右上 + 左下）÷ 右下。

44. 126。（左上 + 右上 + 左下）− 右下。

45. 960。（左上 × 右上 × 左下）÷ 右下。

46. 51。（左上 × 右下²）−（右上 × 右下）。

47. 114。（左上 + 右上 + 左下）− 右下。

脑力挑战12

48. 17—19—22—24—28—20 = 130

49. 17—19—22—28—25—20 = 131

17—23—22—24—25—20 = 131

50. 140。17—24—26—28—25—20

51. 127。17—19—22—24—25—20

52. 两条路径：17—24—26—24—25—20

17—23—22—26—28—20

脑力挑战13

53. 35—34—34—34—35—34—10

54. 35—32—29—28—37—33—10

35—30—29—35—32—33—10

55. 219。35—34—34—35—37—34—10

56. 202。35—30—29—28—37—33—10

57. 四条路径：35—32—29—35—37—33—10

35—30—34—35—32—35—10

35—33—32—34—32—35—10

35—33—32—32—35—34—10

脑力挑战14

58. 29。黑色 = 7；白色 = 3；阴影 = 9。

59. 25。黑色 = 4；白色 = 5；阴影 = 6。

60. 25。黑色 = 5；白色 = 2；阴影 = 8。

61. 45。黑色 = 3；白色 = 8；阴影 = 13。

62. 17。黑色 = 4；白色 = 7；阴影 = 2。

63. 20。黑色 = 5；白色 = 3；阴影 = 4。

64. 16。黑色 = 5；白色 = 2；阴影 = 2。

65. 21。黑色 = 1；白色 = 6；阴影 = 7。

66. 47。黑色 = 0.8；白色 = 12.8；阴影 = 7.8。

67. 36。黑色 = 4；白色 = 3；阴影 = 8。

脑力挑战 *15*

68. 26.

69. 36.

70. 34.

71. □ = 16.

72. 4. (A6，B6)。

73. ⊤ = 8　● = 20

74. A2，C1，D6.

75. △ = 16　✖ = 24　★ = 10

76. 102. D3.

77. 89.

78. 20. F6

79. 73.

80. 2，C5 和 D5.

脑力挑战 *16*

（在答案83–102中，n = 前一数字）

81. 35。(n + 3)，(n + 6)，(n + 9)，等等。

82. 94。(2n + 3)，(2n + 6)，(2n + 9)，等等。

83. 1125。前两个数字相乘。

84. 666。(n^2 – 10)。

85. –25。(2n – 9)。

86. 104。(3n – 1)，(3n – 2)，(3n – 3)，(3n – 4)，等等。

87. 360。(n × 5)，(n × 4)，(n × 3)，等等。

88. 9。($3n + 0^2$)，($2n + 1^2$)，($n + 2^2$)，($0n + 3^2$)。

89. –37。(3n – 7)。

90. –55。(27 – 2n)。

91. 78。(2n – 5)，(2n – 10)，(2n – 15)，(2n – 20)。

92. 1280。–1 (n + 1)，–2 (2n + 2)，–3 (3n + 3)，–4 (4n + 4)。

93. 841。(7n – 6)，(6n – 5)，(5n – 4)，(4n – 3)。

94. 58。n + 11.

95. 130。(3n – 17)。

96. 33。(n + 4)，(n + 6)，(n + 8)，(n + 10)。

97. 223。(3n – 5)，(3n – 4)，(3n – 3)，(3n – 2)。

98. –9。2n – 7.

99. 116。n^2 – 5.

100. $-5\frac{5}{8}$。(n – 2) ÷ 2，(n – 4) ÷ 2，(n – 6) ÷ 2，(n – 8) ÷ 2.

脑力挑战 *17*

101. 120。左边数字之和 × 右边数字之和。

102. –18。（左边数字相乘）–（右边数字相乘）。

103. 10。（（外上端 × 外下端）– 内部）：左边 – 右边。

104. 360。所有数字相乘。

105. 82。（左下端 × 右上端）+ 右上端 + 右下端。

106. 100。（左下端 × 右下端）+ 左上端 + 右上端。

脑力挑战 *18*

107. A6, C5, G6

108. D2

109. 12

110. 117，出现3次。

111. 91, G1

112. E4

113. 没有

114. 没有

脑力挑战 *19*

115. 175。（窗 + 窗）× 门。

116. 42。（左窗 × 右窗）– 门。

117. 71。（左窗 × 门）+ 右窗。

118. 60。（右窗 – 门）× 左窗。

119. 93。右窗 ^{2} – 左窗 ^{2} – 门。

120. 153。门 ^{2} –（左窗 + 右窗）。

脑力挑战 *20*

121. 48

122. 64

123. 8

124. 32

125. 16

126. 2.5

127. 9

128. 10

129. 0.3

130. 7

131. 计算器上 0.37 倒着看读作 LEO（意思是"狮子座"）。

132. 1 和 7

133. 没有，箱子已经满了。

134. 301

135. 41312432 或 23421314。

136. 他将有 7 次赢，1 次输，任何顺序都可以。

137. 2

脑力挑战 21

138. 3。相对的两个扇形内数字总和等于30。

139. 25。(a × b) – c = d。

140. 18。外围的一对数字相加 = 相对扇形内角的数字。

脑力挑战 22

141. 艾伦 $26.50，布伦达 $15.50。

142. 每种硬币各有 13 枚。

143. 207

144. (a) 1176

(b) 168

(c) 8

145. 没有一家。只有登记到电话号簿的号码才会在电话号码簿上！

146. 33。4 ÷ 2 – 5 + 4 × 9 =33。

147. $33\frac{4}{7}$。4 + 5 × 6 – 3 ÷ 7 = $33\frac{4}{7}$。

148. 5

149. 27 分钟 30 秒。

150. 60851。顶行 + 底行 + 字母值 = 中间行。

评分标准

你被"晋级"还是被"降级"?

晋级标准（参见21页）：

低于80分　　降一级。
81—100　　　没有晋级。
101—130　　晋升一级。
131+　　　　晋升两级。

年龄嘉奖分

年　龄	10	10.5	11	11.5	12	12.5	13	13.5	14	14.5	15	15.5
嘉奖分	50	45	40	35	30	25	20	16	14	12	8	4

词汇

紧握双拳，咬紧牙关，努力找出下面110个隐藏的意义、字母和单词。

脑力挑战 1

在下面每道题中，从后面5个选择项中选出与前面给出单词意义最接近的单词。

	A	B	C	D	E
1. RESCUE	Retrieve	Liberate	Salvage	Redeem	Help
2. PROTESTOR	Rebel	Dissenter	Demonstrator	Marcher	Speaker
3. AGGRAVATE	Anger	Insult	Enrage	Provoke	Instigate
4. ETIQUETTE	Custom	Courtesies	Example	Manners	Protocol
5. INVOLVEMENT	Participation	Concern	Responsibility	Implication	Association
6. HERMIT	Solitaire	Recluse	Monk	Loner	Hoarder
7. HASSLE	Problem	Nuisance	Worry	Bother	Trouble
8. FICTIONAL	Legendary	Invention	Informal	Genuine	Imaginary
9. EQUIVALENT	Alike	Twin	Equal	Even	Similar
10. FASCINATE	Catch	Charm	Captivate	Occupy	Win
11. THRIVING	Fit	Strong	Wholesome	Flourishing	Nourishing
12. CONFIDE	Entrust	Limit	Secret	Disclose	Speak
13. WANDER	Saunter	Stray	Veer	Drift	Depart
14. NOURISHING	Good	Wholesome	Healthy	Improving	Worthy
15. ESTIMATE	Guess	Roughly	Calculate	Close	Nearly
16. THANKLESS	Unprofitable	Useless	Ungrateful	Worthless	Unsatisfying
17. TRADITIONAL	Fixed	Accustomed	Old	Usual	Age-long
18. APPREHENSION	Distrust	Misgiving	Threat	Wariness	Hunch
19. AMAZE	Bewilder	Confuse	Astonish	Startle	Stagger
20. PROFIT	Earnings	Interest	Revenue	Gain	Value

脑力挑战 2

重新排列下面的字母，用上所有给出的字母造出至少3个单词。

21. AEGILNRY	**22.** AEEHRTW
23. ENORSW	**24.** CEIRRSTT
25. BDENORSU	**26.** AEGLLSTI
27. ACDELMSI	**28.** ACHNST
29. ACERRSTE	**30.** EHIRTW
31. EELRSTW	**32.** DEERST
33. ADEERRST	**34.** ACELPR
35. ADELP	**36.** BEEORSV
37. AEENRST	**38.** AELMNY
39. DELMORS	**40.** DEGLNO

脑力挑战 3

在下面每组单词中，有一个暗含的联系。你能看出这个联系吗？

41. NARROWLY	TRAILER	GULLIBLE	JAYWALKING
42. MARIGOLDS	JADEDNESS	EPISCOPAL	CHAMBER
43. DISEASE	BETIDE	UNWAVERING	THREEFOLD
44. CHROME	CORNICE	CLIMATE	BONNIEST
45. BARNACLE	CHUTNEY	CRUSHED	CONTENTED
46. COOKING	SHOOTER	MICROWAVE	ACRYLIC
47. NARROWLY	GLANCED	HOAXERS	BURGUNDY
48. ISSUE	SKIMPY	PAMPHLET	BANNER
49. COMBATING	APPROXIMATE	OPERATE	PIGMENT
50. CUSTARD	RISKY	HONEYMOON	MISUNDERSTAND

答案页码
71

脑力挑战 4

如果重新排列下面的单词，一组字母可以用作其他组字母的前缀，构成较长的单词。哪个单词被用作前缀，构成的单词是什么？

	A	B	C	D
51.	RILE	COTS	MUSE	STILE
52.	SHORE	DIE	DUST	TEN
53.	FEATS	LOPE	RYE	BANE
54.	DENT	SON	LYRE	REED
55.	MAD	DEN	SAGE	LESS
56.	TOP	MOOR	EAT	LESS
57.	RED	AND	LEG	RIDE
58.	EMIT	BLEAT	STILE	RILE
59.	SHORE	HOSER	FILES	SHELF
60.	GIN	CEDES	COLA	FILED

脑力挑战 5

重新排列下面的字母，构成5个有联系的单词或名字。它们是什么？

61.	TOUGHDUN	FACETIKUR	BRAGGRINDEE	CAJPALKF	CRANOOMA
62.	HETCS	RESSERD	STEETE	BALET	DAWBRORE
63.	DIALDOFF	PRONDOWS	FUNERSLOW	CHISUFA	GONEIBA
64.	OCAIR	ELOUS	HTAENS	HAGABDD	GANKKOB
65.	TREAKA	FOLG	BYGUR	DUOJ	TINDBONAM
66.	WOIBE	SORS	SCONKAJ	STRANDISE	PLESREY
67.	NARI	LICHE	RUGAPAYA	LISARE	HOLDALN
68.	PORIPNEPE	SORTITO	ZAPIZ	MAISAL	PATAS
69.	GUTTSTART	MORDDNUT	BRINLE	NOBN	GRELEBIDEH
70.	CREMRUIT	NINACNOM	NACEYEN	MUNCI	GRONEAO

脑力挑战 6

　　在下面的每组字母中加上元音，构成5个单词，其中一个单词与其他单词不同类。哪一个单词与其他单词不同类？

71. GLV	HT	SCRF	SHWL	BRCLT
72. DNM	KHK	NYLN	SLK	WL
73. PLT	DSH	SCR	CHN	BKR
74. BNGLW	FLT	HS	GRDN	MSNTT
75. QRTT	GTR	ZTHR	TRMBN	PN
76. DNCR	GRCR	SLR	DRVR	STDNT
77. BLTMR	RZN	PHNX	CHCG	HSTN
78. VDK	BRBN	GRVY	DVCT	BRNDY
79. DMNND	LLGR	FRTSSM	HRPSCHRD	CRSCND
80. MRYLND	NDN	NVD	GRG	BSTN

脑力挑战 7

　　把下列每组中的所有字母连在一起，构成一个单词。

81. PEER	+	DAMP	**82.** CLUE	+	PAIR
83. MEAL	+	DIVE	**84.** CURE	+	MAIN
85. HALL	+	SEES	**86.** SCENE	+	TEN
87. RATE	+	RUSE	**88.** ENSURE	+	DEBT
89. WALL	+	FREE	**90.** CANE	+	TERN

答案页码
72 & 73

脑力挑战 8

下面的每组单词都缺少一个共同的前缀。你能找出这些前缀吗?

91. __ __ __ DOWY   __ __ __ KING   __ __ __ LLOT   __ __ __ RING

92. __ __ __ ITAN   __ __ __ PLES   __ __ __ POSE   __ __ __ SUIT

93. __ __ __ ADOR   __ __ __ CHED   __ __ __ INEE   __ __ __ URED

94. __ __ __ EVER   __ __ __ DDLE   __ __ __ MACE   __ __ __ PPER

95. __ __ __ AWAY   __ __ __ MING   __ __ __ THER   __ __ __ MERS

脑力挑战 9

为下列每个单词写出一个以字母C开头的同义词。

96. PSYCHIC

97. ATROCITY

98. ACCURATE

99. OPPOSE

100. INFORMAL

101. PUNISH

102. SLINGSHOT

103. INEXPENSIVE

104. ANGEL

105. INFANT

脑力挑战 10

从下列每组单词中,找出两个意义最接近的单词。

	A	B	C	D	E
106.	Encourage	Indicate	Assure	Suggest	Promise
107.	Assembly	Direction	Presentation	Construction	Preparation
108.	Early	Instant	Alert	Immediate	Efficient
109.	Prospect	Verification	Proof	Trial	Demonstration
110.	Skill	Professional	Cleverness	Readiness	Talent

答案页码 **73**

参考答案

脑力挑战 1

1. C.
2. B.
3. D.
4. D.
5. A.
6. B.
7. D.
8. E.
9. C.
10. C.
11. D.
12. A.
13. D.
14. B.
15. C.
16. C.
17. B.
18. D.
19. C.
20. D.

脑力挑战 2

21. Relaying, Layering, Yearling.
22. Wreathe, Weather, Whereat.
23. Owners, Worsen, Rowens.
24. Stricter, Critters, Restrict.
25. Bounders, Rebounds, Suborned.
26. Legalist, Stillage, Tillages.
27. Decimals, Medicals, Declaims.
28. Stanch, Snatch, Chants.
29. Retraces, Terraces, Caterers.
30. Whiter, Wither, Writhe.
31. Wrestle, Swelter, Welters.
32. Rested, Desert, Deters.
33. Serrated, Treaders, Retreads.
34. Parcel, Carpel, Placer.
35. Paled, Pedal, Plead.
36. Observe, Obverse, Verbose.
37. Earnest, Eastern, Nearest.
38. Namely, Meanly, Laymen.
39. Remolds, Smolder, Molders.
40. Dongle, Golden, Longed.

脑力挑战 3

41. Owl, Rail, Gull, Jay.
42. Gold, Jade, Opal, Amber.
43. Sea, Tide, Wave, Reef.
44. Rome, Nice, Lima, Bonn.
45. Barn, Hut, Shed, Tent.
46. Coo, Hoot, Crow, Cry.
47. Arrow, Lance, Axe, Gun.
48. Sue, Kim, Pam, Anne (or Ann).
49. Bat, Ox, Rat, Pig.
50. Star, Sky, Moon, Sun.

脑力挑战 4

51. Cost，构成单词 Costlier, Costumes, Costliest.

52. Stud，构成单词 Studhorse, Studied, Student.

53. Bean，构成单词 Beanfeast, Beanpole, Beanery.

54. Tend，构成单词 Tendons, Tenderly, Tendered.

55. Dam，构成单词 Damned, Damages, Damsels.

56. Tea，构成单词 Teapot, Tearoom, Teasels.

57. Dan，构成单词 Dander, Dangle, Dandier.

58. Time，构成单词 Timetable, Timeliest, Timelier.

59. Horse，构成单词 Horseshoe, Horseflies, Horseflesh.

60. Coal，构成单词 Coaling, Coalesced, Coalfield.

脑力挑战 5

61. Doughnut, Fruitcake, Gingerbread, Flapjack, Macaroon.

62. Chest, Dresser, Settee, Table, Wardrobe.

63. Daffodil, Snowdrop, Sunflower, Fuchsia, Begonia.

64. Cairo, Seoul, Athens, Baghdad, Bangkok.

65. Karate, Golf, Rugby, Judo, Badminton.

66. Bowie, Ross, Jackson, Streisand, Presley.

67. Iran, Chile, Paraguay, Israel, Holland.

68. Pepperoni, Risotto, Pizza, Salami, Pasta.

69. Stuttgart, Dortmund, Berlin, Bonn, Heidelberg.

70. Turmeric, Cinnamon, Cayenne, Cumin, Oregano.

脑力挑战 6

71. Bracelet. 其他单词是 Glove, Hat, Scarf, Shawl.

72. Nylon. 其他单词是 Denim, Khaki, Silk, Wool.

73. China. 其他单词是 Plate, Dish, Saucer, Beaker.

74. Garden. 其他单词是 Bungalow, Flat, House, Maisonette.

75. Quartet. 其他单词是 Guitar, Zither, Trombone, Piano.

76. Grocer. 其他单词是 Dancer, Student, Sailor, Driver.

77. Arizona. 其他单词是 Baltimore, Phoenix, Chicago, Houston.

78. Gravy. 其他单词是 Vodka, Bourbon, Advocaat, Brandy.

79. Harpsichord. 其他单词是 Diminuendo, Allegro, Fortissimo, Crescendo.

80. Boston. 其他单词是 Maryland, Indiana, Nevada, Georgia.

脑力挑战 7

81. Pampered.

82. Peculiar.

83. Medieval.

84. Manicure.

85. Seashell.

86. Sentence.

87. Treasure.

88. Debentures.

89. Farewell.

90. Entrance.

脑力挑战 8

91. Sha.

92. Pur.

93. Mat.

94. Gri.

95. Far.

脑力挑战 9

96. Clairvoyant.

97. Cruelty.

98. Correct.

99. Counter.

100. Casual.

101. Chastise.

102. Catapult.

103. Cheap.

104. Cherub.

105. Child.

脑力挑战 10

106. C & E.

107. A & D.

108. B & D.

109. B & C.

110. A & E.

评分标准

你的进步是不是太慢了?

晋级标准（参见21页）:

低于50分　　　"你确定自己应该呆在这个军团吗？"
　　　　　　　降一级
51—70　　　　"抱歉，你必须更加努力。"没有晋级。
71—90　　　　"训练进展顺利。"晋升一级。
91+　　　　　"很有前途。"晋升两级。

年龄嘉奖分

年　龄	10	10.5	11	11.5	12	12.5	13	13.5	14	14.5	15	15.5
嘉奖分	30	25	20	18	17	16	14	12	12	10	8	3

記忆

你只有几分钟的时间记忆重要的信息。
如果你遗忘，那么你的得分将会骤然下降。

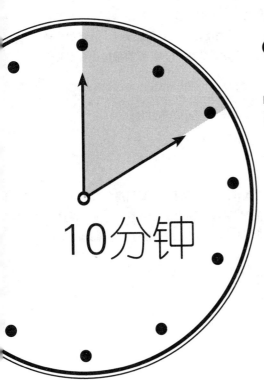

10分钟

脑力挑战 1

阅读下页的房产信息，阅读时间为2分钟，然后完成再下一页的测试。

一旦开始测试
不要回过来看

定好时钟，开始
本测试限时10分钟

待售房产

老石房庄园，

农舍巷，

虎基，

伍斯特郡

位居虎基市郊，3层独立式住宅，格外引人注目。本房产可以追溯到伊丽莎白时代。虽然在过去的10年间做过相当大的修复，但是仍然保留了房产本身的时代氛围（包括平顶梁）。本房产面朝南，可以看到迪安河上壮观的景色以及风景如画的林地。到达A454和B2314非常便利。外面的菜地种着土豆、胡萝卜、洋葱、莴苣、大蒜、蚕豆。

本房产装有中央供暖系统、双层玻璃窗和安全防范系统。

报价在235000英镑左右将被邀请入住本不动产。

此3层房产一楼有一个起居室、大客厅、小客厅、早餐厨房、杂物间、厕所和储藏室，二楼有4个卧室（其中2个套间）和一个主浴室（有水疗设施，与梳妆室相连），三楼有3个卧室和游戏室。车库与房子相连，可停3辆车。

1. 这座房子的名称是什么？

2. 它位于哪个城市？

3. 它位于沃里克郡还是伍斯特郡？

4. 这座房子有多少层？

5. 在城市的哪个部分你可以找到这座房子？

6. 这座房子建造于哪个时代？

7. 这座房子有平顶梁吗？

8. 这座房子的要价是多少？

9. 要看这座房子需要和中介联系吗？

10. 这座房子有多少个卧室？

11. 哪个房间与主浴室相连？

12. 浴室有淋浴吗？

13. 三楼有几个卧室？

14. 到达房子比较便捷的两条公路是什么？

15. 从房子可以看到哪条河流？

16. 房子有双层玻璃还是普通玻璃？

17. 你在哪里可以找到游戏室？

18. 在菜地里可以看到什么蔬菜？

19. 有果园吗？

20. 车库里可以停几辆车？

21. 车库与房子相连吗？

22. 房子是朝向东南吗？

23. 除了河之外，还可以从房子看到什么？

24. 一楼有一个起居室吗？

25. 有套间的卧室是2个还是3个？

1. ....

2. ....

3. ....

4. ....

5. ....

6. ....

7. ....

8. ....

9. ....

10. ....

11. ....

12. ....

13. ....

14. ....

15. ....

16. ....

17. ....

18. ....

19. ....

20. ....

21. ....

22. ....

23. ....

24. ....

25. ....

答案页码
103

10分钟

脑力挑战 2

　　阅读下页的纵横字谜,阅读时间为2分钟,然后完成再下一页的测试。这个纵横字谜是由水果、蔬菜和动物单词组成的。

一旦开始测试
不要回过来看

定好时钟,开始
本测试限时10分钟

```
                        C
  ¹P  O  T  A  T  O     W
   E                    W
  ²A  P  P  ³L  E
   C        E              ⁵D
   H        M              O
           ⁴O  R  ⁶A  N  G  E
            N  U
               ⁷B  U  L  L
                R
                E
                R
  ⁸C  A  B  B  A  G  E
                I
                N
     ¹⁰H  O  ⁹R  S  E
            A
  ¹¹L       D
   A        I
  ¹²M  O  U  S  E
   B        H
```

1. 有多少种水果?

2. 有多少种动物?

3. 有多少种蔬菜?

4. 纵向3是水果还是蔬菜?

5. cabbage（大白菜）在纵向还是横向?

6. 什么动物在纵向5并且穿越orange（橘子）?

7. 这个纵横字谜中有洋葱吗?

8. 水果比蔬菜多吗?

9. 横向12是什么动物?

10. 这个纵横字谜中有一只以上的dog（狗）吗?

11. 纵向9是什么东西?

12. 这个纵横字谜中最长的单词是什么?

13. 有多少单词有5个字母?

14. 有多少单词有3个字母?

15. 纵横字谜中有一个单词没有数字。它是什么?

16. apple（苹果）是在横向2还是横向3?

17. 你在哪里可以找到bull（公牛）?

18. 你在哪里可以找到carrot（胡萝卜）?

19. 纵向11是什么动物?

20. 这个纵横字谜中共有多少个单词?

1. ....

2. ....

3. ....

4. ....

5. ....

6. ....

7. ....

8. ....

9. ....

10. ....

11. ....

12. ....

13. ....

14. ....

15. ....

16. ....

17. ....

18. ....

19. ....

20. ....

答案页码
103

10分钟

阅读对下页的航班时刻表，阅读时间为2分钟，然后完成再下一页的测试。

一旦开始测试
不要回过来看

定好时钟，开始
本测试限时10分钟

阅读这个时刻表，其中包括出发时间、目的地和航空公司。

出发时间	目的地	航空公司
0630	巴黎	英国航空公司
0645	西班牙	伊比利亚航空公司
0705	蒙巴萨	皇家航空公司
0755	佛罗里达	维珍航空公司
0910	塞浦路斯	德尔塔航空公司
0945	爱尔兰	俄罗斯航空公司
1000	中国	国泰航空公司
1020	牙买加	奥林匹克航空公司
1245	印度	荷兰皇家航空公司
1300	爱尔兰	伊比利亚航空公司
1345	阿姆斯特丹	俄罗斯航空公司

1. 总共有多少家航空公司?

2. 第一班航班是在什么时间?

3. 09:45出发的航班的目的地是什么?

4. 飞往爱尔兰的航班有多少个?

5. 飞往牙买加的航班是哪家航空公司的?

6. 如果你搭乘国泰航空公司的飞机,你将飞往哪个国家?

7. 飞往印度的航班什么时间出发?

8. 如果你乘坐维珍航空公司的07:55的航班,你将飞往什么地方?

9. 飞往悉尼的航班是什么时间?

10. 出发时间为12:45的航班的航空公司的名字是什么?

11. 如果你在12:45出发,你要到印度还是爱尔兰?

12. 飞往蒙巴萨的航班有多少个?

13. 伊比利亚航空公司有多少个航班?

14. 最后一个航班是什么时间?

15. 如果你10:25出发,你要到什么地方?

16. 有没有爱尔兰航空公司的航班?

17. 飞往西班牙的航班是什么时间?

18. 如果你飞往中国,你的出发时间是10:00还是10:20?

19. 飞往塞浦路斯的德尔塔航空公司的航班是09:10出发吗?

20. 飞往牙买加的奥林匹克航空公司的航班是10:10出发吗?

1. ⋯⋯⋯⋯⋯⋯⋯⋯⋯⋯⋯⋯⋯⋯

2. ⋯⋯⋯⋯⋯⋯⋯⋯⋯⋯⋯⋯⋯⋯

3. ⋯⋯⋯⋯⋯⋯⋯⋯⋯⋯⋯⋯⋯⋯

4. ⋯⋯⋯⋯⋯⋯⋯⋯⋯⋯⋯⋯⋯⋯

5. ⋯⋯⋯⋯⋯⋯⋯⋯⋯⋯⋯⋯⋯⋯

6. ⋯⋯⋯⋯⋯⋯⋯⋯⋯⋯⋯⋯⋯⋯

7. ⋯⋯⋯⋯⋯⋯⋯⋯⋯⋯⋯⋯⋯⋯

8. ⋯⋯⋯⋯⋯⋯⋯⋯⋯⋯⋯⋯⋯⋯

9. ⋯⋯⋯⋯⋯⋯⋯⋯⋯⋯⋯⋯⋯⋯

10. ⋯⋯⋯⋯⋯⋯⋯⋯⋯⋯⋯⋯⋯⋯

11. ⋯⋯⋯⋯⋯⋯⋯⋯⋯⋯⋯⋯⋯⋯

12. ⋯⋯⋯⋯⋯⋯⋯⋯⋯⋯⋯⋯⋯⋯

13. ⋯⋯⋯⋯⋯⋯⋯⋯⋯⋯⋯⋯⋯⋯

14. ⋯⋯⋯⋯⋯⋯⋯⋯⋯⋯⋯⋯⋯⋯

15. ⋯⋯⋯⋯⋯⋯⋯⋯⋯⋯⋯⋯⋯⋯

16. ⋯⋯⋯⋯⋯⋯⋯⋯⋯⋯⋯⋯⋯⋯

17. ⋯⋯⋯⋯⋯⋯⋯⋯⋯⋯⋯⋯⋯⋯

18. ⋯⋯⋯⋯⋯⋯⋯⋯⋯⋯⋯⋯⋯⋯

19. ⋯⋯⋯⋯⋯⋯⋯⋯⋯⋯⋯⋯⋯⋯

20. ⋯⋯⋯⋯⋯⋯⋯⋯⋯⋯⋯⋯⋯⋯

答案页码
104

10分钟

阅读下页有关停车场的细节，阅读时间为2分钟，然后完成再下一页的测试。

一旦开始测试
不要回过来看

定好时钟，开始

本测试限时10分钟

圣玛丽停车场	
开放时间:	7:30am — 6:30pm
价格: 1小时	$0.50
2小时	$1.00
3小时	$1.50
3小时以上	$2.30

1.

红色 MINI	红色 CORSA	白色 FIESTA	银白色 AUDI	绿色 LAND ROVER

2.

	白色 VAN	金色 MERCEDES	红色 CORSA	绿色 PEUGEOT

3.

	黑色 ASTRA	黑色 ESCORT	黑色 BMW	黄色 MGBT

4.

黄色 HONDA 600			蓝色 RANGE ROVER	红色 PORSCHE		

1. 这个停车场的名字是什么?

2. 价目表上列举了多少种价格?

3. 有多少排停车位?

4. 总共有多少个车位?

5. 第4排有多少个车位?

6. 有多少个空车位?

7. 第1排有多少个空车位?

8. 总共停了几辆车?

9. 停车场内有几辆红色车?

10. 有多少辆奶油色车?

11. 哪辆车在金色Mercedes和绿色Peugeot之间?

12. 哪辆车停在第1排的中间?

13. 有多少辆Corsa?

14. 停车场开放多少个小时?

15. 停车场什么时间关门?

16. 停车场内有几种品牌的车?

17. Escort是红色、白色、绿色、蓝色,还是黑色?

18. Range Rover是绿色、蓝色,还是白色?

19. 你驾车进入停车场,到达黑色Astra旁边。你所停的位置是第几排?

20. 最流行的车的颜色是什么?

21. 停车$3\frac{1}{2}$小时,需要花多少钱?

1. ....

2. ....

3. ....

4. ....

5. ....

6. ....

7. ....

8. ....

9. ....

10. ....

11. ....

12. ....

13. ....

14. ....

15. ....

16. ....

17. ....

18. ....

19. ....

20. ....

21. ....

10分钟

脑力挑战 5

　　阅读下页的地图，阅读时间为2分钟，然后完成再下一页的测试。

一旦开始测试
不要回过来看

定好时钟，开始
本测试限时10分钟

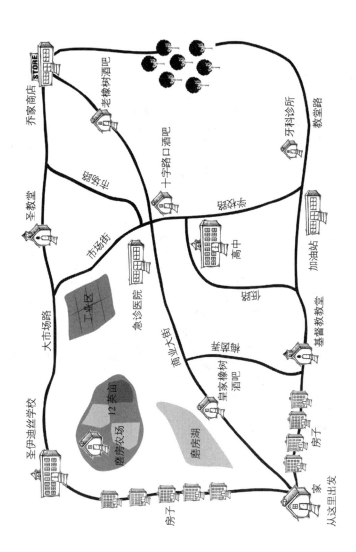

1. 直接通向乔家商店的道路名字是什么？

2. 你离开家之后，决定向右转开始你的行程。在你到达基督教教堂之前，你向左转。那条路的名字什么？

3. 在哪条路上你可以看到皇家橡树酒吧？

4. 地图上有多少个酒吧？

5. 地图上有牙科诊所吗？

6. 地图上的农场的名字是什么？

7. 农场有多少英亩？

8. 地图上有多少个教堂？

9. 你能说出大市场路上的学校名字吗？

10. 商业大街上有多少个酒吧？

11. 如果你从家出来沿着商业大街走，你遇到的第三个酒吧的名字是什么？

12. 如果从家出来之后向左转，你会经过多少座房子？

13. 地图上有一个池塘或湖吗？

14. 如果你需要加油，你需要沿着哪条路走？

15. 如果你沿着商业大街走，当你到达第二个酒吧之后，去牙科诊所，你要向左转还是向右转？

16. 说出在高中交叉的两条道路的其中一条的名字？

17. 工业区上有多少个单元？

18. 有多少条道路的名称包含"市场"一词？

19. 你从家出来向右转，经过基督教教堂，然后从下一个路口左转。那条路的名字是什么？

20. 如果你想参观基督教教堂，你会沿着哪条路走？

1. ....

2. ....

3. ....

4. ....

5. ....

6. ....

7. ....

8. ....

9. ....

10. ....

11. ....

12. ....

13. ....

14. ....

15. ....

16. ....

17. ....

18. ....

19. ....

20. ....

10分钟

阅读下页的街道规划，阅读时间为2分钟，然后完成再下一页的测试。

一旦开始测试
不要回过来看

定好时钟，开始
本测试限时10分钟

郎福特霍尔弗

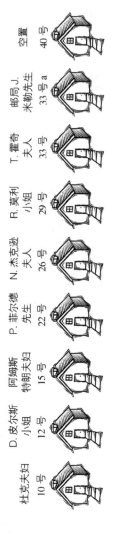

空置
40 号

邮局 J.
米勒先生
33 号 a

T. 霍奇
夫人
33 号

R. 莫利
小姐
29 号

N. 杰克逊
夫人
26 号

P. 菲尔德
先生
22 号

阿姆斯
特朗夫妇
15 号

D. 皮尔斯
小姐
12 号

杜克夫妇
10 号

43 号
废弃房产

35 号
L. 肯尼迪
先生

30 号
詹宁斯
夫妇

28 号
R. 贾尔斯
先生和 K. 桑
德海姆夫人

24 号
P. 科菲尔德
先生

19 号
空置

14 号
布隆莱
夫妇

11 号
温赖特
夫妇

9 号
戴维斯先生和
约翰逊小姐

1. 这个街道的名称是什么?

2. 总共有多少座房子?

3. 多少座房子里只住着男人?

4. 多少座房子里只住着女人?

5. 住在10号的夫妇名字是什么?

6. 谁住在22号?

7. 40号是空置着的吗?

8. 11号是空置着的吗?

9. 谁住在邮局?

10. 谁住在布隆莱夫妇和P·科菲尔德先生之间?

11. 约翰逊小姐是9号的一个居民吗?

12. 住在12号的皮尔斯小姐的姓名首字母是什么?

13. 站在大街上看,谁住在邮局的左面?

14. R.贾尔斯先生和R.莫利小姐同住一座房子吗?

15. 谁与L.肯尼迪先生同住一座房子?

16. 22号对面的房子是几号?

17. 有多少座房子里没有住人?

18. K.桑德海姆夫人住在几号?

19. 废弃房产的号码是多少?

20. P.菲尔德先生住在22号吗?

1. ....

2. ....

3. ....

4. ....

5. ....

6. ....

7. ....

8. ....

9. ....

10. ....

11. ....

12. ....

13. ....

14. ....

15. ....

16. ....

17. ....

18. ....

19. ....

20. ....

10分钟

阅读下页的网格，阅读时间为3分钟，然后完成再下一页的测试。

一旦开始测试
不要回过来看

定好时钟，开始

本测试限时10分钟

	1	2	3	4	5	6	
	$	¶	Q	=	¶	Ó	A
	$	¶	2	4	Ó	Ó	B
	Ó	Z	4	$	$	$	C
	3	$	=	Ó	Q	3	D
	Q	Z	¶	$	Ó	¶	E
	¶	%	=	%	&	%	F

1. 页面顶端一行数字是什么？

2. 页面右侧的一列字母是什么？

3. 在方格2C中的字母是什么？

4. 在方格1A中的符号是什么？

5. 按照从左到右的顺序，列举出现在F行的符号。

6. 哪个符号在C行中出现了3次？

7. 包含符号¶的方格有多少？

8. 在C行中，Z后面是4还是 $？

9. 在这个表格中有多少个不同的数字？

10. 在这个表格中有多少个不同的字母？

11. 按照从上到下的顺序，列举出现在1列中的符号。

12. 在哪一行你可以找到3个符号"％"？

13. 在哪一行你可以找到3个符号"$"？

14. 这个网格中有多少个符号"&"？

15. 方格1D中的符号是什么？

16. 方格5D中的符号是Q还是 $？

17. 有多少个符号"="？

18. E行中Z之前是什么字母？

19. 从左向右看，F行中最后一个符号是什么？

20. 有多少个字母Q？

1. ....

2. ....

3. ....

4. ....

5. ....

6. ....

7. ....

8. ....

9. ....

10. ....

11. ....

12. ....

13. ....

14. ....

15. ....

16. ....

17. ....

18. ....

19. ....

20. ....

答案页码
106

参考答案

脑力挑战 1

1. 老石房庄园
2. 虎基
3. 伍斯特郡
4. 3
5. 市郊
6. 伊丽莎白时代
7. 有
8. 235000英镑
9. 不需要
10. 7
11. 梳妆室
12. 没有
13. 3
14. A454和B2314
15. 迪安河
16. 双层玻璃窗
17. 三楼
18. 土豆、胡萝卜、洋葱、莴苣、大蒜、蚕豆
19. 没有
20. 3
21. 是
22. 不是
23. 林地
24. 有
25. 2

脑力挑战 2

1. 4
2. 6
3. 4
4. 水果
5. 横向
6. Dog
7. 没有
8. 一样多
9. Mouse
10. 没有
11. Radish
12. Aubergine
13. 5
14. 2
15. Cow
16. 横向2
17. 横向7
18. 找不到
19. Lamb
20. 14

脑力挑战 3

1. 9
2. 06:30
3. 爱尔兰
4. 2
5. 奥林匹克航空公司
6. 中国
7. 12:45
8. 佛罗里达
9. 没有这样的航班
10. 荷兰皇家航空公司
11. 印度
12. 1
13. 2
14. 13:45
15. 10:25没有航班
16. 没有
17. 06:45
18. 10:00
19. 是
20. 不是

脑力挑战 4

1. 圣玛丽
2. 4
3. 4
4. 22
5. 7
6. 6
7. 没有
8. 16
9. 4
10. 没有
11. 红色CORSA
12. 白色FIESTA
13. 2
14. 11个小时
15. 6:30pm
16. 14
17. 黑色
18. 蓝色
19. 第3排
20. 红色
21. $2.30

脑力挑战 5

1. 商业大街
2. 梅茵弄
3. 商业大街
4. 3
5. 有
6. 磨房农场
7. 12英亩
8. 2
9. 圣伊迪丝学校
10. 3
11. 老橡树
12. 5
13. 有一个湖
14. 教堂路
15. 右转
16. 低路/学校路
17. 8
18. 3
19. 低路
20. 教堂路

脑力挑战 6

1. 郎福特霍尔弄
2. 18
3. 4
4. 4
5. 杜克夫妇
6. P.菲尔德先生
7. 是
8. 不是
9. J.米勒先生
10. 没有人
11. 是
12. D
13. T.霍奇夫人
14. 没有
15. 没有人
16. 19号
17. 3
18. 28号
19. 43号
20. 是的

脑力挑战7

1. 1, 2, 3, 4, 5, 6.

2. A, B, C, D, E, F.

3. Z.

4. $.

5. ¶, %, =, %, &, %.

6. $.

7. 6.

8. 4.

9. 3.

10. 3: Ó, Z, Q.

11. $, $, Ó, 3, Q, ¶.

12. F.

13. C.

14. 1.

15. 3.

16. Q.

17. 3.

18. Q.

19. %.

20. 3.

评分标准

这是用来测试你是否能够进入"特种部队"

晋级标准（参见21页）：

每个测试平均得分

低于6分	"建议你换一种行业。"
	降一级
7—10	没有进步。
11—14	晋升一级。
15+	晋升两级，并且入选特种部队。

年龄嘉奖分

年　龄	10	10.5	11	11.5	12	12.5	13	13.5	14	14.5	15	15.5
嘉奖分	3	3	3	3	2	2	2	2	1	1	1	1

空间思维

这一部分的唯一出路是，利用逻辑思维和空间思维，解开49个迂回曲折的视觉谜题。

脑力挑战 1

下面哪一个与其他不同类？

1.

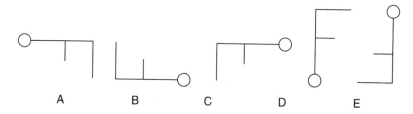

2.

A　　　B　　　C　　　D　　　E

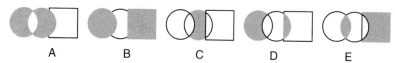

3.

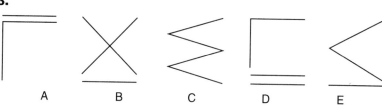

A　　　B　　　C　　　D　　　E

4.

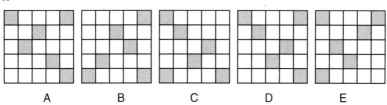

A   B   C   D   E

5.

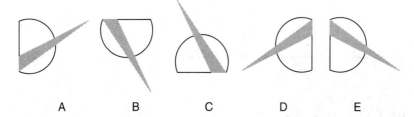

A   B   C   D   E

6.

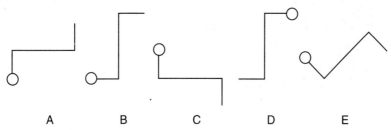

A   B   C   D   E

7.

A   B   C   D   E

答案页码
125

8.

A   B   C   D   E

9.

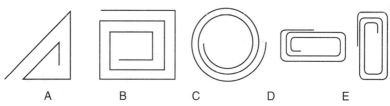

A   B   C   D   E

10.

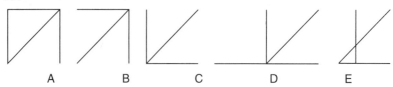

A   B   C   D   E

答案页码
125

脑力挑战 2

"？"处选什么？

11.

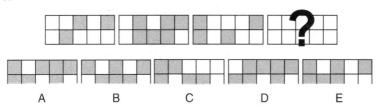

A　　B　　C　　D　　E

12.

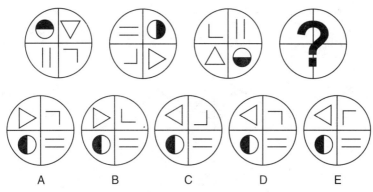

A　　B　　C　　D　　E

13.

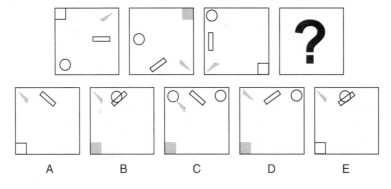

A　　B　　C　　D　　E

14.

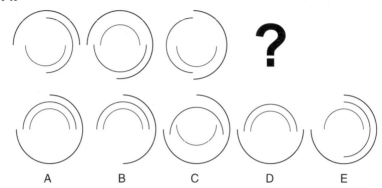

A   B   C   D   E

15.

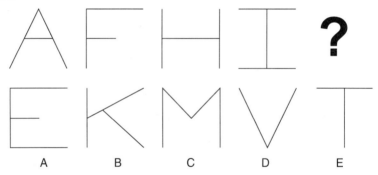

A   B   C   D   E

16.

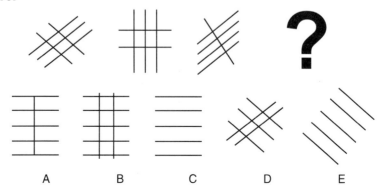

A   B   C   D   E

17.

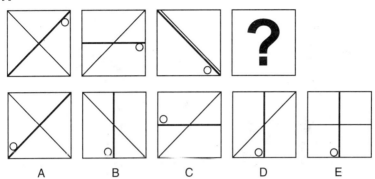

A   B   C   D   E

18.

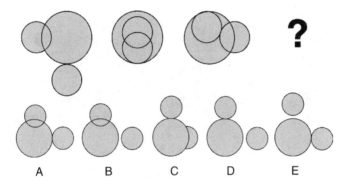

A   B   C   D   E

19.

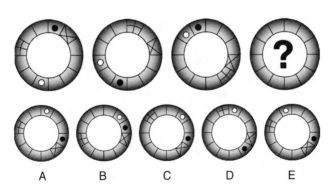

A   B   C   D   E

答案页码
125

20.

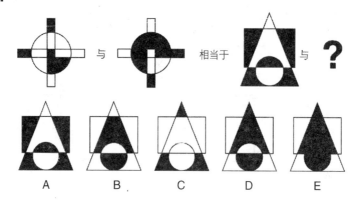

21.

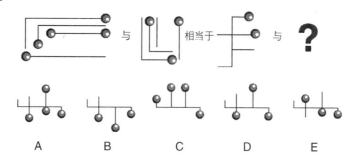

22.

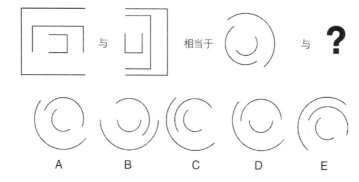

23.

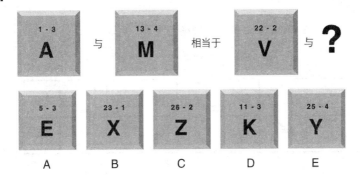

24.

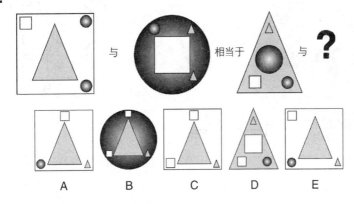

答案页码
125

脑力挑战 3

下面的都是镜像问题。给出的4个图像中有一个错误。

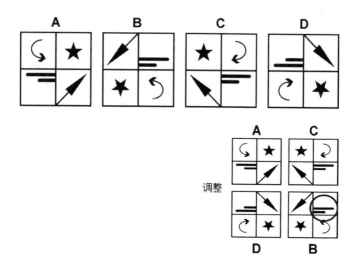

B与其他不同类，因为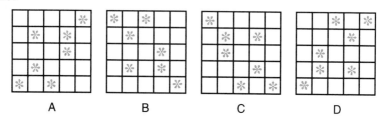

下面的五个谜题都是镜像问题。A，B，C，D中哪一个与其他不同类？

25.

A　　　　B　　　　C　　　　D

26.

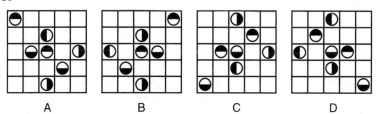

A   B   C   D

27.

A   B   C   D

28.

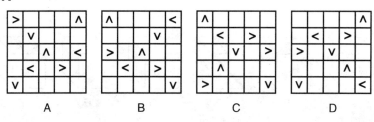

A   B   C   D

29.

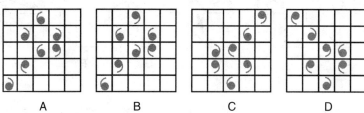

A   B   C   D

脑力挑战 4

盒子每一面上的符号都不同。下面哪一个不是同一个盒子的视图?

30.

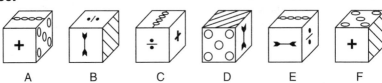

A   B   C   D   E   F

31.

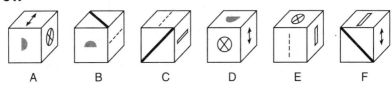

A   B   C   D   E   F

32.

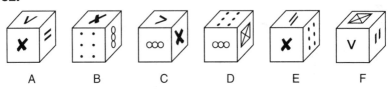

A   B   C   D   E   F

33.

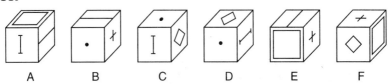

A   B   C   D   E   F

34.

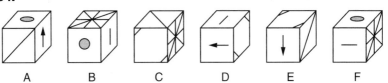

A   B   C   D   E   F

脑力挑战 5

下面哪个盒子可以从模板制得?

35.

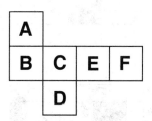

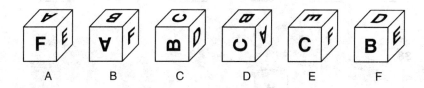

36.

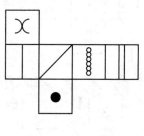

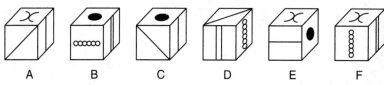

37.

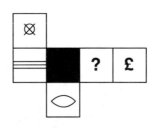

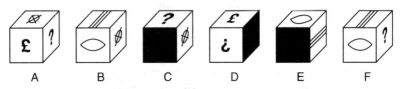

A   B   C   D   E   F

38.

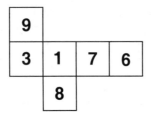

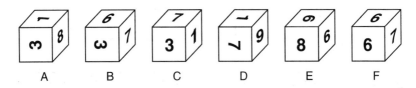

A   B   C   D   E   F

39.

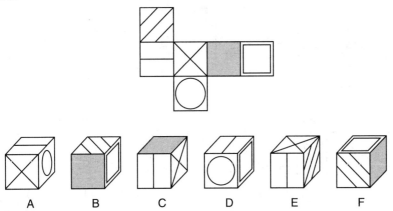

A B C D E F

脑力挑战 6

你能确定下面问题中哪个形状没有被使用吗？

40.

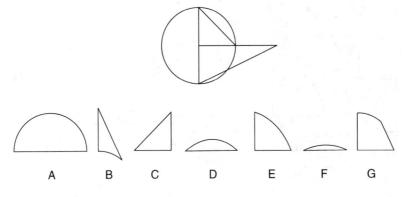

A B C D E F G

41.

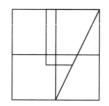

42.

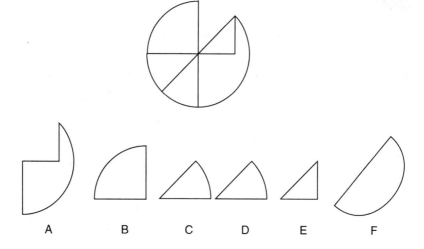

脑力挑战 7

在下面的谜题中，问号处应该填入什么形状？

43.

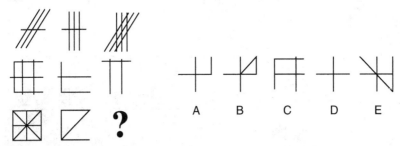

A   B   C   D   E

44.

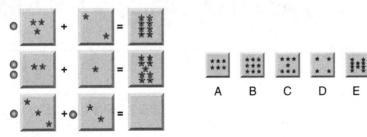

A   B   C   D   E

脑力挑战 8

如果一条线经过所有的点至少一次，那么A、B、C、D、E中哪个形状不能从这些点画得？

45.

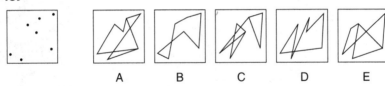

A   B   C   D   E

答案页码
126

46.

A   B   C   D   E

47.

A   B   C   D   E

48.

A   B   C   D   E

49.

A   B   C   D   E

参考答案

脑力挑战 1

1. C。其他旋转成同样的形状。

2. D。A和E，B和C形成相反的两对。

3. C。其他是罗马数字顺时针旋转90°。

4. D。其他旋转成同样的形状。

5. E。其他旋转成同样的形状。

6. A。其他旋转成同样的形状。

7. B。A和D，C和E形成相反的两对。

8. E。它包含四条直线；其他只有三条。

9. D。内部的图案没有顺时针螺旋到中间。

10. E。其他是由两个形状组成的。

脑力挑战 2

11. A。二进制，从5开始，每次加3。你也可以把这些图形看作底片，并镜像它们，从而得到答案。

12. E。图形每次旋转一个扇形。

13. B。形状逐一旋转。

14. A。形状逐一旋转。

15. B。都使用三条线。

16. C。旋转，并且线数减1，然后加入另一个。

17. D。旋转形状。

18. D。小圆圈从左向右，并且从底端向上端移动。

19. A。每个形状以一个固定的顺序旋转。

20. D。匹配相反的两对。

21. A。整个形状逆时针旋转90°，圆圈在线的末端翻转。

22. C。逐一旋转。

23. D。第一个数字是字母在字母表中的位置数（例如，A=1），第二个数字是组成这个字母的线数。

24. A。正方形变成圆，三角形变成正方形，圆变成三角形。

脑力挑战 3

25. D　　　　　　　　　26. B
27. C　　　　　　　　　28. A
29. A

脑力挑战 4

30. D　　　　　　　　　31. B
32. B　　　　　　　　　33. E
34. C

脑力挑战 5

35. C　　　　　　　　　36. F
37. E　　　　　　　　　38. A
39. F

脑力挑战 6

40. E　　　　　　　　　41. G
42. F

脑力挑战 7

43. E。每行中前两个图形中重复的线在第三个图形中被删去。

44. E。●=（星的数量 × 2）+ 星的数量 = 第三列中星的数量。

脑力挑战 8

45. E　　　　　　　　　46. A
47. D　　　　　　　　　48. E
49. B

评分标准

空间逻辑测评

如果你在本章中成绩良好，那么你可能空间逻辑思维比较清晰。那正是脑力军团所需要的人才。

晋级标准（参见21页）：

低于20分　　　降一级
21—30　　　　没有晋级。
31—40　　　　晋升一级。
41+　　　　　晋升两级。

年龄嘉奖分

年　龄	10	10.5	11	11.5	12	12.5	13	13.5	14	14.5	15	15.5
嘉奖分	10	10	9	8	7	6	6	5	4	3	2	1

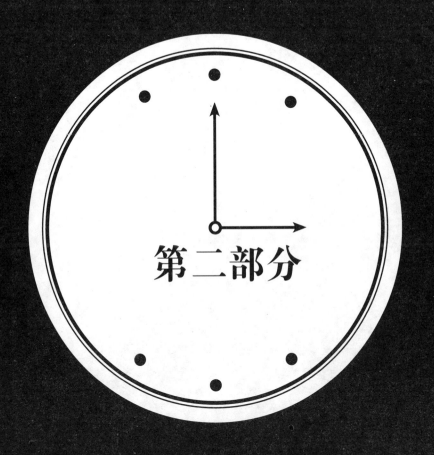

第二部分

推理

这次的题目不多（只有150题），但挑战更大。
你要像使用大砍刀一样使用你的大脑，披荆斩棘。

脑力挑战 1

在下列每组单词中，哪个字母在前两个单词中各出现了一次，而在后两个单词中根本没有出现过？

1. HARMONIOUS　LIBERATE　　MELANCHOLY　LIKE
2. RESPECTABLE　PADDOCK　　WATER　　　　PRINT
3. QUADRUPLE　　PLASTIC　　STOP　　　　　START
4. CONVERSE　　SKATEBOARD　INTERACT　　SANDWICH
5. DANGEROUS　　HIGHLAND　　CINDER　　　PARTICLE
6. CHEMICAL　　AMBASSADOR　DANCE　　　　WEEKEND
7. FIREFIGHTER　MUSHROOM　　LENDING　　REALITY
8. GLADIATOR　　DATABASE　　FORAGE　　　MEDAL
9. OCCUPATION　EXCHANGE　　CHART　　　　PARCEL
10. MULBERRY　　PENGUIN　　MERCENARY　OPENING

脑力挑战 2

11. 一个数字的1/2是24的3/4。这个数字是多少？

12. 一个数字的1/3是65的2/5。这个数字是多少？

答案页码
144

从第一个单词中抽出一个字母，放在第二个单词中，组成两个新的单词。不允许改变单词的字母顺序，不可以使用复数。需要移动哪个字母？

例如：LEARN — FINE（LEAN — FINER）

13. WAIVE — NOSE
14. HONEY — EAST
15. OLIVE — CAST
16. RIFLE — LAKE
17. WAIST — HOOT
18. PAINT — BLOT
19. TRUST — DEER
20. VITAL — ABLE

在下面每道题的括号中填入一个字母，使其附着在左边单词的结尾和右边单词的开头，构成新的单词。不允许使用复数。

例如：COME（T）OWN

21. RUIN （ ） RANT
22. BOOT （ ） EEL
23. TAN （ ） NOT
24. LEAN （ ） HIGH
25. THEM （ ） VERY
26. SEE （ ） RAFT
27. PAW （ ） EVER
28. EVEN （ ） EACH
29. LUNG （ ） LAND

30. CAME   (   )   PEN

脑力挑战 5

什么单词与第一个单词具有相同的意义，并且与第二个单词押韵？

例如：AEROPLANE — MET=JET

31. COIN FACTORY — HINT   =
32. HOME   — BEST   =
33. FOG   — LIST   =
34. BARGAIN   — MEAL   =
35. GRAIN   — HORN   =
36. PARTY   — TALL   =
37. BRAWL   — HEIGHT   =
38. RULER   — SING   =
39. LANTERN   — RAMP   =
40. BROAD   — HIDE   =

脑力挑战 6

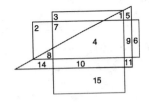

根据上图，回答下面的41—45题。

41. 数字1—15有多少个数字出现在自己的三角形中？
42. 数字1—15中，哪几个数字不在上图中？
43. 哪个（哪些）数字位于所有这三种形状中？

答案页码
144 & 145

44. 只出现在两个形状中的数字之和减去只出现在一个形状中的数字之和，结果是多少？

45. 如果把标有数字的形状从整体中分离出来，有多少数字不在正方形、长方形或三角形中？

脑力挑战　7

46. 超市中有A，B，C，D，E，F六个人排队。F不在队尾。E不在队尾。F与队尾那个人之间有两个人。A前面至少有4个人，但A也不在队尾。D不在队首，其后面至少有两个人。C既不在队首也不在队尾。按照从前到后的顺序排列这6个人。

脑力挑战　8

47. 根据以下给出的信息，将完成马拉松比赛的前8名选手排列名次。肖恩是第四个完成马拉松比赛的。他的排名在约翰之后，但在桑德拉之前。桑德拉在罗伯特之前完成了比赛，但在里埃姆之后。约翰在里克之后完成了比赛，但在亚历克斯之前。安妮落后于亚历克斯两名。里埃姆是第六个完成比赛的。

脑力挑战　9

　　A、B、C、D 4人参加学校考试。只有一人参加法语考试，那人既不是B也不是C。B是唯一一位参加3门考试的人。A参加数学考试和另外一门考试。D只参加数学和英语考试。C只参加地理考试。请问：

48. B没有参加什么考试？

49. 谁参加法语考试？

50. 谁参加数学考试，但没有参加英语考试？

51. 多少人参加两门考试？

52. 谁参加英语考试，但没有参加地理考试？

脑力挑战 10

　　A、B、C、D、E 5人参加足球、棒球、网球和游泳。其中足球最受欢迎。选择网球的人比选择棒球的人多。E只参与了一种运动。B是唯一参与游泳的人。A和这5个人中的另一个人打棒球和网球。C没有踢足球。D参与了两种运动，但其中没有棒球。C参与了棒球和网球。请问：

53. 哪项运动A没有参与？

54. 谁参与了棒球运动？

55. 多少人参与了足球运动？

56. 哪项运动5个人中的其3个参加了？

57. 多少人只参与了其中的两项运动？

脑力挑战 11

　　按照字母顺序排列，位于每组给出的两个单词之间的单词应该是什么？根据提示回答。

例如：FLAP（？）FLASH Distress signal from boat（FLARE）

58. LUMP	（？）	LUNCH	Relating to moon
59. MILK	（？）	MIME	Birdseed
60. ESTRANGE	（？）	ETHIC	Endless
61. DEPENDENT	（？）	DEPLORE	Exhaust
62. HERALD	（？）	HERD	Plant-eating animal
63. CONTEMPT	（？）	CONTEST	Satisfied
64. BAGEL	（？）	BAHAMAS	Wind instrument
65. NUISANCE	（？）	NUMB	To render void
66. SECTOR	（？）	SEDATE	Free from danger
67. MAGIC	（？）	MAGNOLIA	Industrialist

答案页码

145

脑力挑战 12

将A、B、C、D、E 5组单词与下面题目中的单词配对。

68. REGAL

69. CROWD

70. PYRENEES

71. MISSISSIPPI

72. ORANGE

A	B	C	D	E
Nile	Elegant	Flock	Rockies	Lime
Amazon	Stately	Litter	Alps	Grapefruit
Rhine	Majestic	Gaggle	Pennines	Lemon

脑力挑战 13

将A、B、C、D、E 5组单词与下面题目中的单词配对。

73. YOGHURT

74. TREACHEROUS

75. LIZARD

76. BERNE

77. SCALES

A	B	C	D	E
Anaconda	Butter	Toaster	Dangerous	Cairo
Alligator	Milk	Colander	Threatening	Paris
Terrapin	Cheese	Skillet	Hazardous	Athens

脑力挑战 14

将A、B、C、D、E 5组单词与下面题目中的单词配对。

78. TEAM

79. OREGANO

80. BUTTERFLY

81. MUSSEL

82. DALMATIAN

A	B	C	D	E
Lobster	Poodle	Cayenne	Earwig	Pack
Prawn	Whippet	Caraway	Ant	Crew
Crab	Doberman	Garlic	Wasp	Herd

脑力挑战 15

将A、B、C、D、E 5组单词与下面题目中的单词配对。

83. TRIANGLE

84. PHYSICS

85. FILE

86. AEROPLANE

87. COPPER

A	B	C	D	E
History	Saw	Train	Beige	Tripod
Biology	Hammer	Bus	Maroon	Trio
Geometry	Chisel	Car	Violet	Triplet

答案页码
146

脑力挑战 16

将A、B、C、D、E 5组单词与下面题目中的单词配对。

88. TRAWLER

89. ARTICHOKE

90. CHICKEN

91. TINY

92. HAIL

A	B	C	D	E
Turnip	Snow	Canoe	Minute	Falcon
Pepper	Ice	Dingy	Small	Puffin
Cabbage	Frost	Barge	Short	Pigeon

脑力挑战 17

下面的地图给出了A、B、C、D、E和F 6个城市的位置，但他们与所给出的顺序不一致。D在B的西南面，在E的南面。C在A的东北面，在F的东面。E在F的东南面，在B的西面。请问：

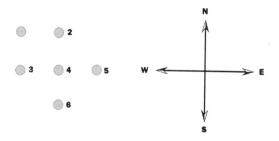

93. 哪个城市在点2处?

94. 哪个城市在最南面?

95. 哪个城市在E的西北面?

96. 哪个城市在点3处？

97. 哪个城市在最东面？

98. 哪个城市在B的正南面？

脑力挑战 18

某个月有5个星期四，并且第二个星期日是13号。请问：

99. 第三个星期二是几号？

100. 这个月的最后一个星期五是几号？

101. 这个月的第一个星期一是几号？

102. 这个月有多少个星期六？

103. 这个月的第二个星期五是几号？

脑力挑战 19

哈利、佛瑞德和保罗3个邻居各有3辆车，一辆双开门，一辆四开门，一辆五开门。他们各有一辆别克、福特和本田。同一品牌的车开门数不同。哈利的别克与佛瑞德的福特有同样数量的开门。保罗的别克与哈利的福特有同样数量的开门。哈利的本田是双开门。佛瑞德的本田是四开门。请问：

104. 谁有一辆五开门的本田？

105. 谁有一辆五开门的福特？

106. 谁有一辆双开门的福特？

107. 谁有一辆四开门的别克？

108. 谁有一辆五开门的别克？

109. 谁有一辆双开门的别克？

答案页码
146 & 147

脑力挑战 20

玛丽亚、彼得和萨拉各有一只狗、一只猫、一只兔子。在他们各自所拥有的三只动物中，一只是茸毛尾巴，一只是短尾巴，一只是长尾巴。同种动物的尾巴类型各不相同。萨拉的猫的尾巴与彼得的兔子的尾巴类型相同。玛利亚的兔子的尾巴与彼得的猫的尾巴类型相同。萨拉的狗是长尾巴。玛利亚的猫是茸毛尾巴。请问：

110. 谁有一只短尾巴狗？

111. 谁有一只长尾巴兔子？

112. 谁有一只茸毛尾巴狗？

113. 谁有一只短尾巴猫？

114. 谁有一只长尾巴猫？

115. 谁有一只短尾巴兔子？

脑力挑战 21

下列每个问题中，右面的数字是通过对左面数字使用同一个运算公式得到的。请找出其中的运算规则，用一个数字替换问号。

116. $3 \longrightarrow 15$

$5 \longrightarrow 23$

$8 \longrightarrow 35$

$9 \longrightarrow ?$

117. $3 \longrightarrow 2$

$9 \longrightarrow 6$

$18 \longrightarrow 12$

$24 \longrightarrow ?$

118. $3 \longrightarrow 8$

$9 \longrightarrow 10$

$15 \longrightarrow 12$

$24 \longrightarrow ?$

119. $2 \longrightarrow 7$

$5 \longrightarrow 28$

$7 \longrightarrow 52$

$11 \longrightarrow ?$

答案页码
147

120. 2 ⟶ 4
4 ⟶ 32
5 ⟶ 62½
7 ⟶ ?

121. 2 ⟶ 10
3 ⟶ 13
7 ⟶ 25
11 ⟶ ?

122. 4 ⟶ 18
6 ⟶ 32
9 ⟶ 53
13 ⟶ ?

123. 1 ⟶ 1½
4 ⟶ 6
8 ⟶ 12
20 ⟶ ?

124. 2 ⟶ 2
6 ⟶ 4
8 ⟶ 5
14 ⟶ ?

125. 3 ⟶ 2
7 ⟶ 10
9 ⟶ 14
22 ⟶ ?

126. ½ ⟶ 14
1 ⟶ 16
3 ⟶ 24
5 ⟶ ?

脑力挑战 22

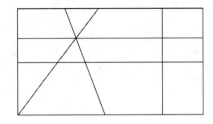

根据上图，回答下面的问题。

127. 这个图形中有多少个三角形?

答案页码
147

128. 这个图形中有多少个直角？

129. 从一边到另一边，或从上到下，有多少对平行线？

130. 有多少个不同的部分？

131. 有多少个正方形或长方形？

脑力挑战 23

下表是一次运动会上不同地区所赢得的奖牌数。假如每个项目都有一枚金牌、一枚银牌和一枚铜牌得主，没有平手。

	金	银	铜
地区 A	33	21	63
地区 B	72	8	20
地区 C	27	60	36

132. 哪个地区赢得的铜牌数量是地区B赢得的金牌数量的1/2？

133. 哪个地区赢得的铜牌数量是地区A赢得的银牌数量的3倍？

134. 哪个地区赢得的铜牌数量是其赢得的奖牌总数的1/5？

135. 哪两个地区的金牌数量之和等于地区C赢得的银牌数量？

136. 如果有两个其他地区比赛，并且他们仅仅赢得了12枚金牌，那么他们赢得的银牌和铜牌数量是多少？

脑力挑战 24

写出与下列单词词义相反并且以字母R开头的单词。

137. FORGETFUL

138. ORDERED

139. OCCASIONAL

140. UNPREPARED

141. CAPTUER

答案页码
147 & 148

脑力挑战 25

142. PARIS与FRANCE相当于LONDON与：

JAPAN　　　　AMERICA　　　GREECE　　　ENGLAND

143. NILE与EGYPT相当于MAIN与：

AUSTRIA　　　FRANCE　　　ENGLAND　　　GERMANY

144. TEN与PENTAGON相当于EIGHT与：

HEXAGON　　　OCTAGON　　　SQUARE　　　TRIANGLE

145. HAND与WRIST相当于FOOT与：

KNEE　　　　ARM　　　　CALF　　　　ANKLE

146. GREEN与EMERALD相当于BLUE与：

DIAMOND　　　SAPPHIRE　　　RUBY　　　GARNET

147. RABBIT与BUCK相当于TURKEY与：

STAG　　　　COCK　　　　ROOSTER　　　GANDER

148. IRIS与EYE相当于CILIA与：

HAIR　　　　SKIN　　　　BONES　　　TEETH

149. IO与JUPITER相当于GANYMEDE与：

MERCURY　　　SATURN　　　VENUS　　　URANUS

150. CALORIE与ENERGY相当于LUMEN与：

ELECTRICITY　PRESSURE　　LIGHT　　　HUMIDITY

答案页码
148

参考答案

脑力挑战 1

1. R

2. C.

3. L.

4. O.

5. G.

6. M.

7. H.

8. T.

9. N.

10. U.

脑力挑战 2

11. 36

12. 78

脑力挑战 3

13. I. (Wave – Noise).

14. Y. (Hone – Yeast).

15. O. (Live – Coast).

16. F. (Rile – Flake).

17. S. (Wait – Shoot).

18. A. (Pint – Bloat).

19. T. (Rust – Deter).

20. T. (Vial – Table).

脑力挑战 4

21. G. 组成新单词 Ruing, Grant.

22. H. 组成新单词 Booth, Heel.

23. K. 组成新单词 Tank, Knot.

24. T. 组成新单词 Leant, Thigh.

25. E. 组成新单词 Theme, Every.

26. D. 组成新单词 Seed, Draft.

27. N. 组成新单词 Pawn, Never.

28. T. 组成新单词 Event, Teach.

29. E. 组成新单词 Lunge, Eland.

30. O. 组成新单词 Cameo, Open.

脑力挑战 5

31. Mint.

32. Nest.

33. Mist.

34. Deal.

35. Corn.

36. Ball.

37. Fight.

38. King.

39. Lamp.

40. Wide

脑力挑战 6

41. 3.

43. 4.

45. 4.

42. 12 和 13.

44. −21.

脑力挑战 7

46. 1E，2C，3F，4D，5A，6B

脑力挑战 8

47. 1 里克，2 约翰，3 亚历克斯，4 肖恩，5 安妮，6 里埃姆，7 桑德拉，8 罗伯特

脑力挑战 9

48. 法语

50. A

52. D

49. A

51. 两个

脑力挑战 10

53. 游泳

55. 4 个

57. 三个

54. A 和 C

56. 网球

脑力挑战 11

58. Lunar.

60. Eternal.

62. Herbivore.

64. Bagpipes.

66. Secure.

59. Millet.

61. Deplete.

63. Content.

65. Nullify.

67. Magnate.

脑力挑战 *12*

68. B.

69. C.

70. D.

71. A.

72. E

脑力挑战 *13*

73. B.

74. D.

75. A.

76. E.

77. C.

脑力挑战 *14*

78. E.

79. C.

80. D.

81. A.

82. B.

脑力挑战 *15*

83. E.

84. A.

85. B.

86. C.

87. D.

脑力挑战 *16*

88. C.

89. A.

90. E.

91. D.

92. B.

脑力挑战 *17*

93. C.

94. D.

95. F.

96. A.

97. B.

98. 没有哪个城市。

脑力挑战 18

99. 15 号

100. 25 号

101. 7 号

102. 四个

103. 11 号

脑力挑战 19

104. 保罗

105. 佛瑞德

106. 保罗

107. 保罗

108. 哈利

109. 佛瑞德

脑力挑战 20

110. 玛利亚

111. 玛利亚

112. 彼得

113. 萨拉

114. 彼得

115. 彼得

脑力挑战 21

116. $39_\circ$ $(\times 4) + 3$.

117. $16_\circ$ $(\times 2) \div 3$.

118. $15_\circ$ $(\div 3) + 7$.

119. $124_\circ$ $n^2 + 3$.

120. $171^1/_{20}$ $n^3 \div 2$.

121. $37_\circ$ $(\times 3) + 4$.

122. $81_\circ$ $(\times 7) - 10$.

123. $30_\circ$ $(\times 3) \div 2$.

124. $8_\circ$ $(\div 2) + 1$.

125. $40_\circ$ $(-2) \times 2$

126. $32_\circ$ $(+3) \times 4$.

脑力挑战 22

127. 6.

128. 24.

129. 9.

130. 12.

131. 18.

脑力挑战 23

132. C.

133. A.

134. B.

135. A 和 C.

136. 55 枚银牌，25 枚铜牌

脑力挑战 24

137. Retentive.

138. Random.

139. Regular.

140. Ready.

141. Release.

脑力挑战 25

142. England.

143. Germany.

144. Square.

145. Ankle.

146. Sapphire.

147. Cock.

148. Hair.

149. Saturn.

150. Light.

评分标准

你是军官的料吗?

晋级标准（参见21页）:

低于90分　　　又降级了。
91—110　　　　抱歉，到达顶端是很困难的。没有晋级。
111—130　　　晋升一级。
131+　　　　　晋升两级。

嘉奖分	10	10.5	11	11.5	12	12.5	13	13.5	14	14.5	15	15.5
年　龄	30	25	22	20	18	16	14	12	10	8	6	4

数字

这次只有138道难题，但有人把难度提高了！

脑力挑战 1

6个孩子发明了一种骰子游戏：每人每次投掷两枚骰子，两枚骰子朝上的数字相加即为本局分数，得分最多的人获胜。规则是：如果在一局中，两人或两人以上获得同一个分数，则他们那一局的得分都翻倍；如果有人投掷一个双（即两枚骰子朝上的数字相同），那么他那局的分数将为负数；如果投掷一个双，并且与另一个玩家投掷的分数相同，那么你将得到一个负的、等于投掷数值两倍的分数。投掷一个双用一个 * 表示。

玩家	局 1	局 2	局 3	局 4	局 5
A	7	7	4*	9	10
B	5	8	9	6*	9
C	9	11	5	8*	6
D	8	8*	6	4	11
E	10	9	7	5	6
F	6	4	5	11	8

把这些分数根据孩子们的规则调整后，哪个（些）玩家：

1. 排名第三？

2. 赢？

3. 排名最后？

4. 第三局之后赢？

5. 得分可以被5整除？

脑力挑战 2

　　一位农场主总共有224个牲畜。他的绵羊数量比母牛数量多38，母牛数量比猪数量多6。请问：

6. 他有多少头猪？

7. 他有多少只绵羊？

8. 如果他用自己75%的母牛交换绵羊，并且每头母牛换5只绵羊，那么他将总共有多少只绵羊？

9. 交换之后，他有多少牲畜？

脑力挑战 3

　　下面的柱形图显示了学生参加毕业考试的结果。共有30名学生参加了考试。

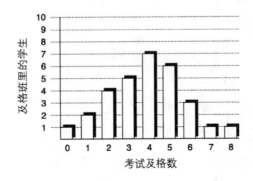

10. 每个学生考试及格的平均数是多少？

11. 如果前5名学生不在这个班里，那么每个学生考试及格的平均数是多少？

12. 如果10%的学生参加了8门考试，70%的学生参加了6门考试，20%的学生参加了4门考试，那么有不及格分数的试卷有多少份？

答案页码
172

脑力挑战 4

下面问号处应该填入什么数字，符号的值是多少？

13.

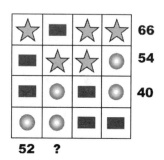

脑力挑战 5

在下面的序列中，问号处应该填入什么数字？

14.	1	5	10	50	100	?	?	
15.	3	8	23	68	?			
16.	3	18	63	198	?			
17.	8	5	4	9	1	7	?	?	?
18.	4	10	22	46	94	?		
19.	6	9	14	21	30	?		

脑力挑战 6

问号处应该填入什么数字?

20.

2764	1424	48
9534	4512	202
6883	4824	?

21.

7935	2765	1755
6188	5368	3604
9856	5488	?

22.

6459	5204	200
7288	5166	360
9768	7422	?

答案页码
173

脑力挑战 7

问号处应该填入什么数字?

23.

A	B	C	D	E
3	1	4	7	9
7	0	2	8	6
6	5	1	4	7
2	2	3	9	?

24.

A	B	C	D	E
8	2	6	3	4
5	3	4	2	3
9	1	7	3	5
7	6	8	3	?

25.

A	B	C	D	E
1	5	6	2	7
4	1	5	8	9
7	3	2	6	9
6	2	?	4	?

答案页码
173

脑力挑战 8

问号处缺少多少个圆圈?

26.

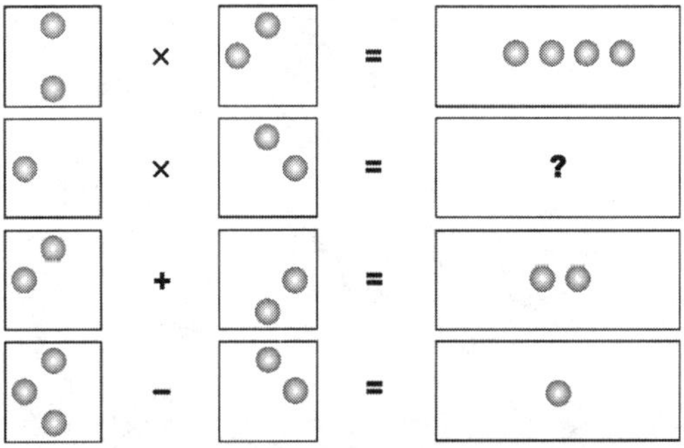

27.

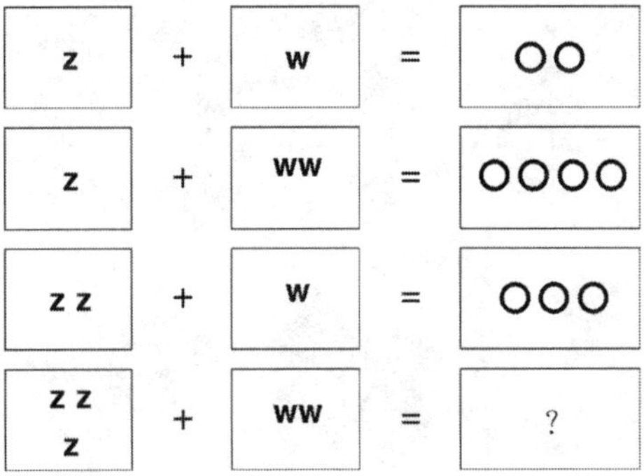

28.

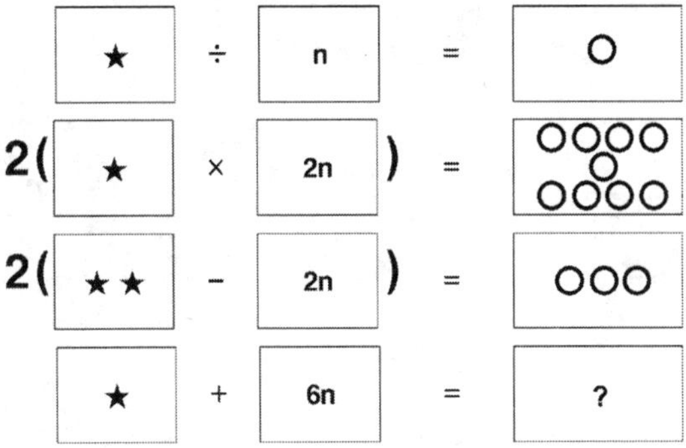

脑力挑战 9

问号处应该填入什么数字？

29.

+ = 735　　 + = 1460

+ = ?

30.

x = 105　　 x = 108

x = ?

31.

+ = 930　　 + = 690

+ = ?

32.

+ = 57　　 + = 22

x = ?

答案页码
173

脑力挑战 10

把下面的两个网格分成6个完全相同形状的部分，使得每一部分内的数字之和等于给出的数。

33.　　　总和100

18	6	4	30	47	29
45	30	6	18	17	2
1	21	1	42	23	5
3	28	7	17	1	6
44	4	32	43	30	40

34.　　　总和18

6	2	3	4	4	3
3	5	5	2	6	2
5	3	1	3	5	0
2	4	5	3	0	5
3	3	4	6	6	5

脑力挑战 11

把下面的两个网格分成4个完全相同形状的部分，使得每一部分内的数字之和等于给出的数。

35. 总和45

3	6	3	4	4	6
4	4	7	2	8	3
5	8	5	5	6	7
6	5	3	7	8	2
8	3	1	4	5	4
2	7	8	7	5	3

36. 总和55

3	6	4	4	8	6
9	6	6	7	9	2
5	6	5	6	2	7
7	6	7	5	9	3
8	9	4	8	9	7
4	9	6	8	4	6

答案页码
174

脑力挑战 12

下面网格中的问号处应该填入什么数字？

37.

6	4	6	5	8
2	9	8	2	1
5	0	3	4	7
3	2	1	3	1
4	7	?	4	3

38.

3	8	7	4	5
5	9	2	6	1
3	2	5	3	7
6	9	3	7	2
1	4	?	1	8

39.

1	5	3	1	2
7	6	7	6	9
2	2	3	1	9
9	9	5	9	4
4	3	?	3	7

40.

7	9	7	8	6
3	5	6	4	1
3	2	3	3	5
7	7	2	7	9
5	6	?	5	8

脑力挑战 13

左边方框内的数字沿顺时针方向旋转，结果形成右边方框内的位置。缺少的数字位置应该在哪里？

41.

11	16	34
23		55
14	63	21

16		11
63		23

42.

5	2	6
7		9
12	4	3

	6	
7		12
	9	

43.

26	32	15
48		83
52	19	41

83		32
15		26

答案页码
174 & 175

脑力挑战 14

网格A和B的数值已经给出。网格C的数值是多少?

44.

A	B	C
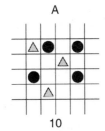		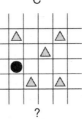
10	9	?

45.

A	B	C
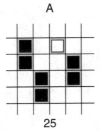	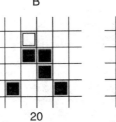	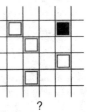
25	20	?

46.

A	B	C
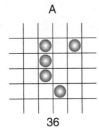	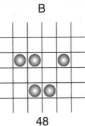	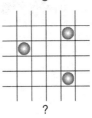
36	48	?

答案页码
175

脑力挑战 15

47. 如果大卫给玛丽＄4，他的钱数将是玛丽钱数的两倍。如果玛丽给大卫＄2，大卫的钱数将是玛丽钱数的11倍。他们开始时有多少钱？

48. 用数学运算符号"＋、－、×、÷"替换下面的问号，一个符号只能使用一次，可添加括号，应该如何放置这些符号才能使下面的等式成立？

2? 6? 7? 4? 9 = 24

49. $\sqrt{64}$ 与1/8相当于4与什么？

50. 如果 C J是310，L P是1216，那么 G R等于多少？

51. 如果 D J = 40，F K = 66，那么 H Q等于多少？

52. 一辆车的油箱底部有一个孔，以每小时1.5加仑的速度漏油。这辆车开始有一满箱油（10加仑），平均行驶速度为60英里/时，直到汽油耗尽。如果不计算由于漏油而造成的损失，这辆车平均油耗为30英里/加仑。这辆车在油耗尽之前将行驶多远？

53. 如果上题车中的油箱孔在箱体中间部位，那么这辆车在油耗尽之前又将行驶多远？

54. 如果距离London为26英里，距离Rome为23英里，那么距离Moscow为多少英里？

55. 哪三个连续数平方之后加起来等于365？

56. 哪三个数立方之后加起来等于9的立方？

57. 下面序列的下一个数字是多少？

10　　6　　13　　1　　13?

58. 在下面的加法运算中，如果B比C的两倍小，不能使用0，那么A，B，C的数值是多少？

$$\begin{array}{ccc} A & B & C \\ + A & A & B \\ \hline B & A & A \end{array}$$

59. 如果一个数字的四分之三是63的三分之二，那么这个数字是多少？

60. 如果一个数字的四分之三的五分之二是19.2，那么这个数字是多少？

61. 如果数字的平方根是125的立方根的两倍，那么这个数字是多少？

62. 如果一个数字的平方根减10是16的四次方根，那么这个数字是多少？

63. 如果一个数字的六倍是144的平方根的一半，那么这个数字是多少？

64. 如果一个数字的三分之二的五分之三是81的平方根的两倍，那么这个数字是多少？

65. 如果一个数字的一半是125立方根的三倍，那么这个数字是多少？

66. 如果一个数字的五倍是66的三分之二，那么这个数字是多少？

67. 如果一个数字的四分之一的一半是8的立方根的8倍，那么这个数字是多少？

68. 如果一个数字的四分之三的三分之二是17，那么这个数字是多少？

脑力挑战 16

从左上端开始顺时针旋转，找出带有问号的圆圈的数值？

69.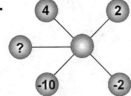

70.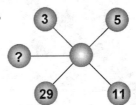

71.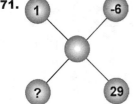

72.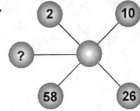

73.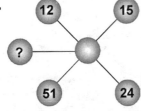

74.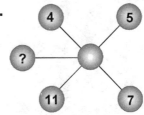

答案页码
176

门萨超级脑力体操 **162**

75.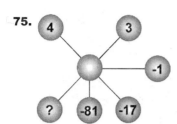

76.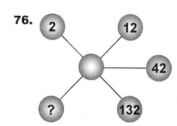

77.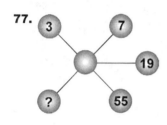

78.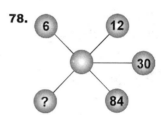

79.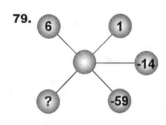

80.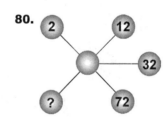

81.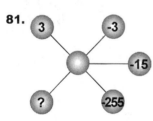

82.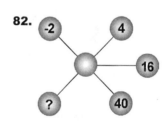

83.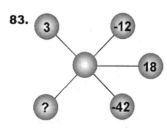

84.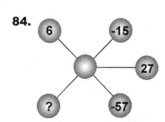

85.

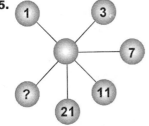

86.

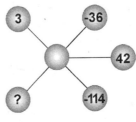

87.

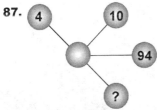

88.

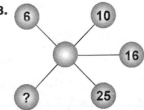

脑力挑战 17

沿着从顶端数字到底端数字的顺序，找到一条路径。

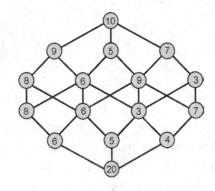

89. 你能找到一条数字之和为49的路径吗？

90. 你能找到一条数字之和为54的路径吗？

91. 数字之和最大的一条路径是什么？

92. 数字之和最小的一条路径是什么？

答案页码
177

93. 数字之和为57的路径有多少条？

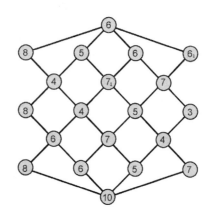

94. 你能找到一条数字之和为50的路径吗？

95. 数字之和最小的一条路径是什么？

96. 数字之和第二大的一条路径是什么？

97. 数字之和为43的路径有多少条？

98. 你能找到一条数字之和为49的路径吗？

脑力挑战 18

99. 一个铁匠有1078个马蹄铁。出价购买的马房在80和100之间。他希望平均分配这些马蹄铁。每个马房得到多少个马蹄铁，总共有多少个马房？

100. 我家的苹果树今年硕果累累。我把一半的苹果用于交换其他水果，我自己吃了4个苹果。第二天我把剩余苹果的一半用于交换一些酒，并且又吃了3个苹果。第三天我吃了1个苹果，并且把剩余苹果的一半给了朋友。之后我还剩余5个苹果。我家开始时有多少苹果？

101. 一只钟表的分针是7厘米长。如果分针的尖端已经走了14厘米，那么过去了多长时间（精确到秒）？

脑力挑战 19

在下面的网格中，交叉点的数值等于与其相邻的4个数字之和。

	A	B	C	D	E	F	G
	17	34	20	23	21	19	27	25
1	21	23	22	24	21	32	26	24
2	18	27	19	27	30	26	19	17
3	26	35	19	21	25	18	26	22
4	19	21	24	19	16	28	28	21
5	24	27	17	29	17	29	18	26
6	23	25	22	32	20	26	22	23
7	27	18	20	23	24	29	20	22

102. 你能找到数值为100的四个交叉点吗？

103. 哪些交叉点的数值最小？

104. 哪个交叉点的数值最大？

105. 第7行上哪个交叉点的数值最大？

106. B列中哪个交叉点的数值最小？

107. 哪一列或行上交叉点数值为100或大于100的最多？

108. 哪一列或行上交叉点数值之和最小？

脑力挑战 20

109. 如果字母A=1，B=2，…，Z=26，那么把星期几的所有字母数值加起来等于100？

110. 戴夫的钱数是＄5加上玛丽钱的一半，玛丽的钱数是戴夫钱数的40％。戴夫有多少钱？

脑力挑战 21

问号处应该填入什么数字？

111.

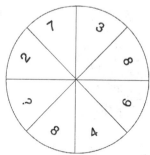

112.

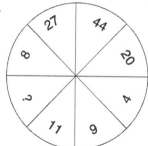

113.

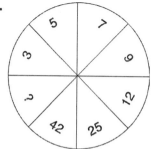

114.

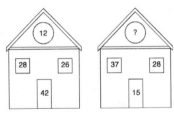

115.

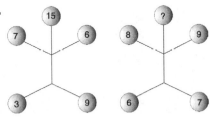

116.

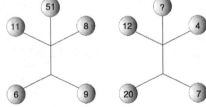

脑力挑战 22

117. 如果FACE－DIED ＝-67，那么HIDE－BEAD等于多少?

118. 下面序列中问号处缺少一个什么数字:

　　　　2.5　　　4　　　5　　　10　　　25　　　?

119. 第一个人4小时可以挖一个洞，第二个人挖这同一个洞需要5小时，第三个人需要6小时，第四个人需要7小时。如果这些人共同来挖这个洞，需要多长时间（精确到分钟）?

120. 下面序列中问号处缺少一个什么数字：

$$7 \quad 49 \quad 441 \quad ?$$

121. 哪个数字可以完成下列运算？

```
    D   A   M       A   I   L
+   8   8   7   +   ?   ?   ?
    L   I   T       G   O   T
```

122. 再过20年时间，派伊夫人的年龄将是她儿子年龄的两倍。现在，她的年龄是她儿子的7倍。再过15年，她将是多少岁？

123. 如果SHELL = 77345，那么HOLES代表什么数字？

脑力挑战 23

　　使用外围的所有数字仅仅一次，你能够计算出下面问号处应该填入什么数字吗？

124.

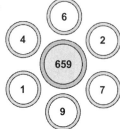 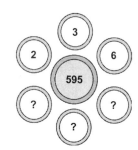

125.

126.

127.

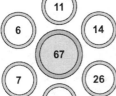

128.

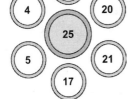
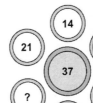

答案页码
178

脑力挑战 24

计算出黑色、白色和阴影圆圈的数值，然后确定最后一组圆圈的总和。

129.

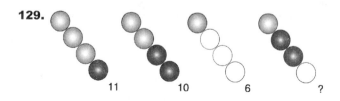

11　　　　10　　　　6　　　　?

130.

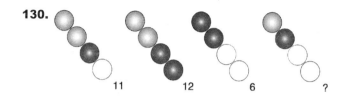

11　　　　12　　　　6　　　　?

131.

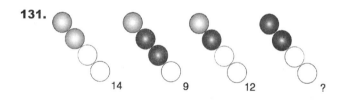

14　　　　9　　　　12　　　　?

132.

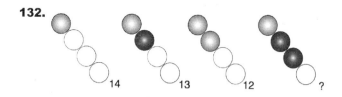

14　　　　13　　　　12　　　　?

133.

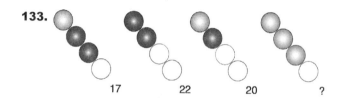

17　　　　22　　　　20　　　　?

134.

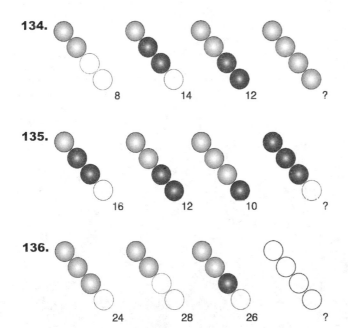

8   14   12   ?

135.

16   12   10   ?

136.

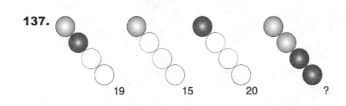

24   28   26   ?

137.

19   15   20   ?

138.

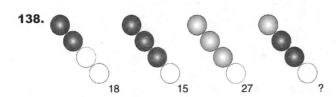

18   15   27   ?

参考答案　

脑力挑战 1

1. C

2. E

3. D

4. B 和 C

5. 没有人

脑力挑战 2

6. 58

7. 102

8. 342

9. 416

脑力挑战 3

10. 3.87。30个学生，116门及格。

11. 3.32。25个学生83门及格。

12. 58

脑力挑战 4

13. 42. ☆ = 17　　◯ = 5　　■ = 15

脑力挑战 5

14. 500，1000。两种方法。连续的罗马数字或交替序列数，× 5，× 2。

15. 203。两种方法。前一个数字乘3减1，或 + 5，+ 15，+ 45，+ 135。

16. 603。(前一个数字 + 3) × 3。

17. 6，3，2。数字1到9的英文按照字母顺序排列。

18. 190。(+1) × 2。

19. 41。两种方法。$5 + 1^2$，$5 + 2^2$，$5 + 3^2$，或序列数 + 3，+ 5，+ 7 等等。

脑力挑战 6

20. 328。沿着每行，把第一个数字的前两位相乘，得到第二个数字的前两位。把第一个数字的后两位相乘，得到第二个数字的后两位。

4 × 8= 32，2 × 4 = 8; 328。

21. 4752。沿着每行，每个数字的前两位与后两位相乘，得到下一个数字。

54 × 88=4752。

22. 184。在每行中，第一个数字的外围两位相乘，得到第二个数字的外围两位。第一个数字的中间两位相乘得到第二个数字的中间两位。7 × 2 = 14; 4 × 2 = 8; 184。

脑力挑战 7

23. 3。(A + B) × C = D + E。

24. 3。(A + C) – (D × E) = B 或者 (A – B + C) ÷ D = E。

25. 0 和 6。B + D = E；A + C = E。

脑力挑战 8

26. 3 个白色圆圈。黑色圆圈的数值：顶端 = 1，右端 = 2，底端 = 3，左端 = 4。每个方框内的数值加在一起，然后参与运算。白色圆圈 = 5。运算为 (1 + 3) × (4 + 1) = 20。(4 + 1) × (1 + 2) = 15。(4 + 1) + (2 + 3) =10。(3 + 4 + 1) – (1 + 2) = 5.

27. 5 个圆圈：第四行 = 第一行 + 第三行。

28. 6 个圆圈。★ = 3，n = 1½，○ = 2。

脑力挑战 9

29. 1625。把时间作为数字加起来。

135 + 600 = 735; 245 + 1215 = 1460; 520 + 1105 = 1625

30. 294。把指针所指的数字加起来，然后完成运算。

(6 + 9) × (1 + 6) = 15 × 7 = 105;(6 + 3) × (9 + 3) = 9 × 12 = 108;
(12 + 9) × (2 + 12) = 21 × 14 = 294。

31. 1560。把时间作为数字加起来。

200 + 730 = 930; 245 + 445 = 690; 915 + 645 = 1560.

32. 616。时针数值与分针数值相乘，然后完成运算。

2 × 11 + 7 × 5 = 22 + 35 = 57;

5 × 4 + 1 × 2 = 20 + 2 = 22;

8 × 7 × 1 × 11 = 56 × 11 = 616。

脑力挑战 10

33.

18	6	4	30	47	29
45	30	6	18	17	2
1	21	1	42	23	5
3	28	7	17	1	6
44	4	32	43	30	40

34.

6	2	3	4	4	3
3	5	5	2	6	2
5	3	1	3	5	0
2	4	5	3	0	5
3	3	4	6	6	5

脑力挑战 11

35.

3	6	3	4	4	6
4	4	7	2	8	3
5	8	5	5	6	7
6	5	3	7	8	2
8	3	1	6	5	4
2	7	8	7	5	3

36.

3	6	4	4	8	6
9	6	6	7	9	2
5	6	5	6	2	7
7	6	7	5	9	3
8	9	4	8	9	7
4	9	6	8	4	6

脑力挑战 12

37. 4。左边的两位数减去右边的两位数，得到中间的数字。

38. 4。右边的两位数减去左边的两位数，得到中间的数字。

39. 6。左边的两位数减去右边的两位数，得到中间的数字。

40. 2。右边的两位数减去左边的两位数，得到中间的数字。

脑力挑战 *13*

41. 把每个数字的两个位数上的数字相加，得到每个数字需要旋转的位置数。

42. 把每个数字加上 1，得到每个数字需要旋转的位置数。

43. 每个数字两个位数之间的差就是每个数字需要旋转的位置数。

脑力挑战 *14*

44. 11。每个方格的数值相加，得到所显示的数字。三角形与圆圈数值之和就是答案。△ = 2，
● = 1。

45. –15。白色和黑色正方形的数值之和就是答案。

⬛ = 5　　⬜ = –5

46. 22。方格数值如下所示，位置之和就是答案。

4	3	2	1
5	6	7	8
12	11	10	9
13	14	15	16

脑力挑战 *15*

47. 大卫有＄20，玛丽有＄4。

48. （2＋6）÷（7－4）×9＝24。

49. 1/4。√64＝8，所以1/4 与4相当于1/8与8。

50. 718。

51. 136。

52. 171.43英里。

53. 235.72英里。

54. 36英里。把第一个和最后一个字母在字母表中的位置数相加。

55. 10，11，12。

56. 1，6，8。

57. 10。一月到六月英文单词的第一个字母在字母表中的位置数。

58. A＝4，B＝9，C＝5。

59. 56。

60. 64。

61. 100。

62. 144。

63. 1。

64. 45。

65. 30。

66. 8.8。

67. 128。

68. 34。

脑力挑战 *16*

在下面的20个答案中，n＝前一数字。

69. −26。（n×2）−6。

70. 83。（n×3）−4。

71. 834。$n^2 - 7$。

72. 122。（n＋3）×2。

73. 132。（n−7）×3。

74. 19。2n−3。

75. −337。4n−13。

76. 402。3（2＋n）。

77. 163。（n×3）−2。

78. 246。3n−6。

79. −194。3n−17。

80. 152。2（n＋4）。

81. −65535。$2n - n^2$。

82. 88。2n＋8。

83. 78。−2（n＋3）。

84. 111。（−2n）−3。

85. 39。把前三个数字相加。

86. 198。−2（n + 15）。

87. 8830。n^2 −6。

88. 38½。（1½ n）+1。

脑力挑战17

89. 10—5—6—3—5—20。

90. 10—7—9—3—5—20。

91. 61：10—9—8—8—6—20。

92. 47：10—7—3—3—4—20。

93. 3 条路径。

10—9—6—6—6—20。

10—7—9—7—4—20。

10—7—9—6—5—20。

94. 6—8—4—8—6—8—10。

95. 41（4 条路径）

6—5—4—4—6—6—10。

6—5—4—4—7—5—10。

6—6—7—3—4—5—10。

6—6_1—7—3—4—5—10。

96. 48：6—8—4—8—6—6—10。

97. 6 条路径：

6—5—4—4—6—8—10。

6—6—7—5—4—5—10。

6—6_1—7—5—4—5—10。

6—6—7—3—4—7—10。

6—6_1—5—4—5—10。

6—6_1—7—3—4—7—10。

98. 没有路径得到这个总和。

脑力挑战18

99. 98 家马房，每家 11 个马蹄铁。

100. 64。

101. 19 分钟 6 秒。

脑力挑战19

102. 共有 4 个交叉点：B3，F4，C6，F6。

103. D4 和 D5。两者都是 81。

104. E2。109。

105. F。102。

106. 7B。85。

107. F 列。6。

108. C 列和行 5。两者都是 636。

脑力挑战 20

109. Wednesday。

110. 戴夫有 $6.25（玛丽有 $2.50）。

脑力挑战 21

111. 3。对角相对部分内数字之和等于 11。

112. 4。顺时针阅读，下半部分内数字分别乘以 2，3，4，5 得到对角上半部分内的数字。

113. 63。顺时针阅读，上半部分内数字分别乘以 4，5，6，7 等于对角下半部分内的数字。

114. 50。窗户 + 窗户 – 门 = 屋顶。37 + 28 – 15 = 50。

115. 30。胳膊 × 胳膊 – 腿 × 腿 = 头。8 × 9 – 6 × 7 = 30。

116. 4。左胳膊 × 右腿 – 右胳膊 × 左腿 = 头。12 × 7 – 4 × 20 = 4。

脑力挑战 22

117. 140。每个字母在字母表中位置数的平方相加，然后完成运算。运算 FACE – DIED 是（$6^2 + 1^2 + 3^2 + 5^2$）–（$4^2 + 9^2 + 5^2 + 4^2$）= 71 – 138 = –67; HIDE – BEAD 是（$8^2 + 9^2 + 4^2 + 5^2$）–（$2^2 + 5^2 + 1^2 + 4^2$）= 186 – 46 = 140。

118. 125。前两个数字相乘，然后除以 2。

119. 79 分钟。（1 小时 19 分钟）。

120. 441。每个数字的最后一位与这个数字相乘。（7 × 7），（9 × 49），441 × 1）。

121. 668。字母在字母表中位置数之和。（1，9，12）+（6，6，8）= 7（G），15（O），20（T）。

122. 43 岁。她现在是 28 岁，她的儿子是 4 岁。

123. 53704（计算器上颠倒显示）。

脑力挑战 23

124. 359。上端数字 + 下端数字 = 中间数字。426 + 197 = 659。

125. –272。上端数字 – 下端数字 = 中间数字。

126. 88。上端 3 个数字之和 × 下端数字之和 = 中间数字。

127. 83。外围圆圈所有数字之和。

128. 6。对角数字之和等于中间数字。

脑力挑战24

129. 8。黑色 = 2；白色 = 1；阴影 = 3。

130. 8。黑色 = 2；白色 = 1；阴影 = 4。

131. 10。黑色 = 1；白色 = 4；阴影 = 3。

132. 12。黑色 = 3；白色 = 4；阴影 = 2。

133. 13。黑色 = 4；白色 = 7；阴影 = 2。

134. 4。黑色 = 5；白色 = 3；阴影 = 1。

135. 18。黑色 = 4；白色 = 6；阴影 = 2。

136. 36。黑色 = 7；白色 = 9；阴影 = 5。

137. 22。黑色 = 8；白色 = 4；阴影 = 3。

138. 19。黑色 = 3；白色 = 6；阴影 = 7。

评分标准

现在，只有最优秀的才能生存

晋级标准（参见21页）：

低于70分　　　降两级。
81—100　　　没有进步。
101—120　　　晋升一级。
121+　　　晋升两级。

年龄嘉奖分

嘉奖分	10	10.5	11	11.5	12	12.5	13	13.5	14	14.5	15	15.5
年　龄	40	35	30	25	20	18	16	14	12	10	8	4

词汇

下面有143道词汇难题，需要更多奋斗。

脑力挑战 1

在下面每道题中，从后面5个选择项中选出与前面给出单词意义最接近的单词。

	A	B	C	D	E
1. FLAIR	Fashionable	Talent	Style	Able	Quality
2. BONA–FIDE	Correct	Factual	Genuine	Real	Precise
3. ARID	Cold	Desolate	Deserted	Dry	Burnt
4. BOISTEROUS	Carefree	Excessive	Unruly	Evil	Devilish
5. ENDOW	Testament	Probate	Bequeath	Payment	Insurance
6. PUNY	Petite	Minute	Weak	Soft	Simple
7. DEMEAN	Arguable	Cheat	Defraud	Degrade	Libel
8. ATTEST	Protect	Save	Vouch	Warrant	Defend
9. MEDITATE	Wonder	Consult	Ruminate	Trance	Rest
10. FLABBY	Soft	Elastic	Unctuous	Waxy	Flaccid
11. WILD	Feral	Fierce	Violent	Temperamental	Rural
12. ACRID	Sharp	Nasty	Tart	Bad–tempered	Pungent
13. MERGE	Coalition	Fusion	Union	Combine	Incorporate
14. STABLE	Constant	Durable	Permanent	Static	Unalterable
15. RAPID	Brisk	Fast	Flying	Hasty	Prompt
16. GOODWILL	Benevolent	Kindliness	Generous	Zealous	Virtue
17. IMPLORE	Ask	Begged	Plead	Force	Solicit
18. DORMANT	Asleep	Comatose	Hibernating	Inactive	Latent
19. OPACITY	Cloudiness	Dullness	Obscurity	Transparent	Unclear
20. UPKEEP	Aid	Maintenance	Preserve	Conserve	Promote

答案页码
190

脑力挑战 2

重新排列下面的字母，用上所有给出的字母造出3个单词。

21. D　E　E　I　R　S　V

22. E　I　L　M　S

23. A　D　E　L　S　T

24. A　B　E　D　R

25. E　O　R　R　S　T

26. A　D　E　G　N　R

27. A　C　E　P　R　S

28. A　C　E　N　R　T

29. A　C　G　I　N　O　S　T

30. A　G　I　N　P　R　S

31. A　C　E　L　R　T

32. A　C　G　I　N　R

33. E　O　Q　R　T　U

34. I　N　O　P　S　T

35. I　L　O　P　S　T

36. E　G　I　N　S　T　W

37. A　E　E　L　M　S　S　T

38. E　E　K　L　S

39. D　E　I　N　N　T

40. A　E　E　G　L　N　R

脑力挑战 3

在下面每组单词中，有一个暗含的联系。你能看出这个联系吗？

41. IMPORTED　　COLANDER　　FORSAKE　　ANTEATER

42. MINUTES	SELFISHNESS	TRIBUNAL	SHOWPIECE
43. EXPANSE	RADISH	MUTINY	DEPOT
44. ENTWINE	MASSAGE	CRUSTATION	KEROSENE
45. ROMANTIC	GRUFFLY	MOTHER	BEEFBURGER
46. TRACTOR	DOVETAIL	CRISPY	STATUTORY
47. BRANCH	UNICORN	WAISTCOATS	AVARICE
48. ACCENT	DIMENSION	BRANDISH	HYENA
49. CLIMATE	BARITONE	NICEST	CORKAGE
50. TUSSOCK	ADDRESS	SHATTERED	COATING

脑力挑战 4

我是什么，或我是哪里？

51. 我的第一个字母在FIRE中，不在GRATE中。我的第二个字母在EARLY中，不在LATE中。我的第三个字母在MUSIC中，也在TUNE中。我的第四个字母在DISTINCT中，不在SOON中。我的最后一个字母在FROST，也在SLEET中。当我成熟的时候，我多汁、甜。

我是什么？

52. 我的第一个字母在LAMP中，不在LIGHT中。我的第二个字母在MAY中，不在MIGHT中。我的第三个字母在DART中，也在BOARD中。我的第四个字母在STRING中，不在CORD中。我的最后一个字母在SEE，不在GLANCE中。我是一个浪漫的城市。

我是哪里？

答案页码

191

53. 我的第一个字母在ACT中，不在PLAY中。我的第二个字母在APRIL中，不在MAY中。我的第三个字母在NOBLE中，也在LORD中。我的第四个字母在CARD中，不在BOARD中。我的最后一个字母在STACK，不在HAY中。你每天都看我。
我是什么？

54. 我的第一个字母在PASS中，不在FAIL中。我的第二个字母在SHOP中，不在SALE中。我的第三个字母在HAIR中，也在FACE中。我的第四个字母在CARRY中，不在CASE中。我的最后一个字母在ASK，不在PLEA中。你不会想与我一起游泳。
我是什么？

55. 我的第一个字母在CASH中，也在CHEQUE中。我的第二个字母在COLLAR中，不在NECK中。我的第三个字母在FINGER中，也在RING中。我的第四个字母在SONG中，不在SING中。我的最后一个字母在WATER，不在MOAT中。我是一种狭窄的小船。
我是什么？

56. 我的第一个字母在JUNE中，也在JULY中。我的第二个字母在CLEVER中，不在SLY中。我的第三个字母在PLANT中，也在FLOWER中。我的第四个字母在MUSCLE中，不在POWER中。我的最后一个字母在GLOOMY，不在MOOD中。整个我是一种鲜亮颜色的食品。
我是什么？

57. 我的第一个字母在HOT中，也在COLD中。我的第二个字母在BRASH中，不在BOLD中。我的第三个字母在GANG中，也在GROUP中。我的第四个字母在ARMY中，不在TROOP中。我的最后一个字母在LOAN，也在RENT中。我是一种乐器。
我是什么？

58. 我的第一个字母在MOCK中，不在FAKE中。我的第二个字母在BOIL中，不在AKE中。我的第三个字母在ROCK中，也在ROLL中。我的第四个字母在WINDOW中，不在POLE中。我的最后一个字母在BASIN中，不在BATH中。我玩把戏让孩子们发笑。
我是什么？

答案页码 191

脑力挑战 5

59. 有订单为200辆Rolls Royce（劳斯莱斯）、115辆Vauxhall（沃克斯霍尔）和500辆Honda（本田）。那么Renault（雷诺）的订单是多少？

60. Donna（堂娜）赢过500场舞蹈比赛，Patricia（帕特里夏）赢了102场舞蹈比赛，Charlotte（夏洛特）赢了150场舞蹈比赛。那么Louise（路易丝）赢了多少场舞蹈比赛？

61. 一个模型店订购了100套car（汽车）零件，1000套monster（怪物）零件，600套doll（布娃娃）零件。那么他们订购了多少套space-rocket（宇宙火箭）零件？

62. 在演播室中，有8名观众来自Virginia（弗吉尼亚），56名来自Pennsylvania（宾夕法尼亚），1名来自Arizona（亚利桑那），10名来自Texas（得克萨斯）。那么多少名观众来自New Mexico（新墨西哥）？

63. 伦敦一家陶瓷店的价目表上列举了不同工厂出产的杯子的价格。那么Wedgewood（威基伍）出产的杯子价格为多少？

Royal Doulton	£ 6.00
Denby	£ 5.00
Royal Worcester	£ 1.50
Wedgewood	£ ？

答案页码
191

脑力挑战 6

如果重新排列下面的单词，一组字母可以用作其他组字母的前缀，构成较长的单词。哪个单词被用作前缀，构成的单词是什么？

	A	B	C	D	E
64.	LET	BUS	MILE	RUB	DENT
65.	CHAR	MATS	DIES	NIPS	OPT
66.	SHINES	HIRE	DIE	TIP	SON
67.	EAT	SET	LAP	TAPE	TAME
68.	NIP	LIES	ANT	NOD	NET
69.	TESS	SHIN	LAID	NOTE	ROC
70.	STEM	SINES	RAW	SEND	MITE
71.	BALE	DICE	NIGH	TON	RAY
72.	LEST	SUB	TIES	GINS	DIE
73.	HAS	NET	TOP	OAT	GATE

脑力挑战 7

重新排列下面的字母，构成5个有联系的单词。这些单词是什么？

74. ZAMAD	NERTOIC	GUPEETO	TRULEAN	SHIMSTIBUI
75. NIGEAU	KEELSH	TEESAP	COCKEP	ODESUC
76. CUGIC	AGEREJ	DINOM	LENCAH	DIDLELOF
77. TAJECK	HIRST	PRUMEJ	STRUSORE	HOSES
78. MONZAA	GEANGS	SMATHE	TAZEGYN	BAZZEMI
79. TALAM	CRIPA	ZAIBI	CYLISI	SHEDOR
80. BREANCAR	SLEBURSS	SONLIB	RADDIM	TOPRIERA
81. DAZBUZR	CLOFNA	GEALE	TULRUVE	KHAW
82. MANDOTBIN	SABBELLA	SKATBEALLB	GOXNIB	COHYEK
83. STOBERL	WRANP	ROTUT	SMOLAN	CLAIPE

脑力挑战 8

在下面的每组字母中加上元音，构成5个单词，其中一个单词与其他单词不同类。哪一个单词与其他单词不同类？

	A	B	C	D	E
84.	WLKG	JGGNG	RNNNG	SPRNTNG	STTNG
85.	MSM	MSQ	TMPL	CTHDRL	SYNGG
86.	NSHVLL	SVNNH	LNDN	DTRT	DNVR
87.	MNDY	WDNSDY	JNRY	SNDY	STRDY
88.	RD	YLLW	CRCL	CRMSN	PRPL
89.	ND	TLY	KNY	DLLS	CLND
90.	NGN	CLTCH	GRS	WHLS	LMN
91.	TWNTY	KYBRD	SCRN	MMRY	PRCSSR
92.	CRPHLLY	GRGNZL	STLTN	BR	BLGNS
93.	PLM	PTT	STSM	PRCT	DMSN

脑力挑战 9

把下列每组中的所有字母连在一起，构成一个单词。

94.	DRUM	+	MIMES		
95.	REPAY	+	LIT	+	SON
96.	DANCE	+	SIT		
97.	SPITE	+	ANTIC		
98.	MEAN	+	ATE		
99.	MONSTER	+	RATE		
100.	CLEMENT	+	RAPE		
101.	DEAD	+	CITE		
102.	NIECE	+	GILL	+	NET
103.	SHINE	+	SUIT	+	CAT

答案页码
192

脑力挑战 10

从下列每组单词中找出3对，结合在一起可以构成3个较长的单词。

104. MAIDEN	VENDOR	HAND	MASTER	NEWS	SHIP
105. MAN	PAWN	MASTER	LIVERY	PAY	BROKER
106. SHOOTER	HOUSE	WRITER	SHARP	MASTER	SIGN
107. PLAY	REEL	NEWS	SCREEN	LIGHT	FOOT
108. EVER	DAY	DOMES	WHEN	TAIL	WHITE
109. SPUR	DROP	LILY	LARK	WATER	SNOW
110. LESS	EARTH	LIST	SACK	QUAKE	RAN
111. RAM	PEACE	WORD	PART	PASS	ABLE
112. CRACK	AGE	FOR	BLOCK	WISE	WARD
113. NAP	HOOD	KID	SOME	FALSE	TROUBLE
114. MAKER	BOY	LOCK	FRIEND	PEACE	DEAD
115. TOP	SET	FREE	CARE	MOST	BACK
116. WHOLE	WIRE	HAY	BAT	SALE	TEN
117. NECK	ABLE	EYE	BOTTLE	BREAK	SORE
118. LOVED	GOOD	WILD	BE	LIFE	WILL
119. SOME	HARDY	FOOL	RAGE	HAND	BAR
120. ION	AND	LEDGE	REFLECT	KNOW	BRIG
121. CON	WORK	SIGN	GUESS	POST	TRIBUTE
122. AGE	HOD	BOND	MAN	SHOW	SLIPS
123. OUR	FALL	TEN	ROT	RUM	WIND

脑力挑战 11

为下列每个单词写出一个以字母G开头的同义词。

124. COLLECT _ _ _ _ _ _ _

125. HEREDITARY _ _ _ _ _ _ _ _

126. PERMIT _ _ _ _ _

127. DISTRESS _ _ _ _ _ _

128. ELEGANCE _ _ _ _ _

129. WOLVERINE _ _ _ _ _ _ _ _

130. STUCK _ _ _ _ _

131. INORDINATE _ _ _ _ _

132. LAMENT _ _ _ _ _ _

133. OPENING _ _ _

134. PLEASE _ _ _ _ _ _ _

135. RAPT _ _ _ _ _ _ _

136. BLUSTERY _ _ _ _ _

137. STOCK _ _ _ _ _

138. STOMACH _ _ _

139. WILDEBEEST _ _ _

140. TRICKERY _ _ _ _ _

141. HAMMER _ _ _ _ _

142. CARGO _ _ _ _ _

143. RELIGIOUS _ _ _ _ _

答案页码
193

参考答案

脑力挑战 1

1. B. Talent.
2. C. Genuine.
3. D. Dry.
4. C. Unruly.
5. C. Bequeath.
6. C. Weak.
7. D. Degrade.
8. C. Vouch.
9. C. Ruminate.
10. E. Flaccid.
11. A. Feral.
12. E. Pungent.
13. D. Combine.
14. A. Constant.
15. B. Fast.
16. B. Kindliness.
17. C. Plead.
18. D. Inactive.
19. D. Obscurity.
20. B. Maintenance.

脑力挑战 2

21. Dervies, Diverse, Revised.
22. Limes, Miles, Slime, Smile.
23. Deltas, Lasted, Salted, Slated.
24. Bared, Beard, Bread, Debar.
25. Resort, Roster, Sorter, Storer.
26. Danger, Gander, Garden, Ranged.
27. Capers, Pacers, Parsec, Recaps, Scrape.
28. Canter, Carnet, Nectar, Recant, Trance.
29. Coasting, Agnostic, Coatings.
30. Parings, Parsing, Rasping, Sparing.
31. Claret, Cartel, Rectal.
32. Arcing, Caring, Racing.
33. Quoter, Roquet, Torque.
34. Pintos, Piston, Pitons, Points.
35. Pilots, Pistol, Postil, Spoilt.
36. Stewing, Twinges, Westing.
37. Mateless, Meatless, Tameless.
38. Keels, Leeks, Sleek.
39. Indent, Intend, Tinned.
40. Enlarge, General, Gleaner.

脑力挑战 3

41. Port, Cola, Sake, Tea.

42. Nut, Fish, Bun, Pie.

43. Pan, Dish, Tin, Pot.

44. Wine, Sage, Rust, Rose.

45. Ant, Fly, Moth, Bee.

46. Actor, Vet, Spy, Tutor.

47. Bran, Corn, Oats, Rice.

48. Cent, Dime, Rand, Yen.

49. Lima, Bari, Nice, Cork.

50. Sock, Dress, Hat, Coat.

脑力挑战 4

51. Fruit.

52. Paris.

53. Clock.

54. Shark.

55. Canoe.

56. Jelly.

57. Organ.

58. Clown.

脑力挑战 5

59. 50。名称中为罗马数字的字母加在一起。

60. 51。名称中为罗马数字的字母加在一起。

61. 200。名称中为罗马数字的字母加在一起。

62. 1111。名称中为罗马数字的字母加在一起。

63. £10.00。名称中为罗马数字的字母加在一起。

（基本的罗马数字字母和对应的阿拉伯数字为：I（1），V（5），X（10），L（50），C（100），
D（500），M（1000）——译者注）

脑力挑战 6

64. B. SUB. Subtle, Sublime, Suburb, Subtend.

65. E. TOP. Toparch, Topmast, Topside, Topspin.

66. D. PIT. Pithiness, Pithier, Pitied, Pitons.

67. C. PAL. Palate, Palest, Palpate, Palmate.

68. E. TEN. Tenpin, Tensile, Tenant, Tendon.

69. E. COR. Corsets, Cornish, Cordial, Coronet.

70. C. WAR. Warmest, Wariness, Wardens, Wartime.

71. D. NOT. Notable, Noticed, Nothing, Notary.

72. B. BUS. Bustles, Busiest, Bussing, Busied.

73. C. POT. Potash, Potent, Potato, Pottage.

脑力挑战 7

74. Mazda，Citroen，Peugeot，Renault，Mitsubishi.

75. Guinea，Shekel，Peseta，Copeck，Escudo.

76. Gucci，Jaeger，Mondi，Chanel，Oldfield.

77. Jacket，Shirt，Jumper，Trousers，Shoes.

78. Amazon，Ganges，Thames，Yangtze，Zambezi.

79. Malta，Capri，Ibiza，Sicily，Rhodes.

80. Canberra，Brussels，Lisbon，Madrid，Pretoria.

81. Buzzard，Falcon，Eagle，Vulture，Hawk.

82. Badminton，Baseball，Basketball，Boxing，Hockey.

83. Lobster，Prawn，Trout，Salmon，Plaice.

脑力挑战 8

84. E. Sitting。其他单词为：Walking，Jogging，Running，Sprinting。

85. A. Museum。其他单词为：Mosque，Temple，Cathedral，Synagogue。

86. C. London。其他的为美国的城市：Nashville，Savannah，Detroit，Denver。

87. C. January。其他的为星期：Monday，Wednesday，Sunday，Saturday。

88. C. Circle。其他的为颜色：Red，Yellow，Crimson，Purple。

89. D. Dallas。其他的为：India，Italy，Kenya，Iceland。

90. E. Lemon。其他的为车部件：Engine，Clutch，Gears，Wheels。

91. A. Twenty。其他的为计算机部件：Keyboard，Screen，Memory，Processor。

92. E. Bolognese。其他的为：Caerphilly，Gorgonzola，Stilton，Brie。

93. B. Potato。其他的为：Plum，Satsuma，Apricot，Damson。

脑力挑战 9

94. Midsummer.

95. Personality.

96. Distance.

97. Antiseptic.

98. Emanate.

99. Remonstrate.

100. Replacement.

101. Dedicate.

102. Intelligence.

103. Enthusiastic.

脑力挑战 10

104. Handmaiden, Newsvendor, Shipmaster.

105. Liveryman, Paymaster, Pawnbroker.

106. Signwriter, Sharpshooter, Housemaster.

107. Screenplay, Newsreel, Footlight.

108. Whenever, Domesday, Whitetail.

109. Larkspur, Snowdrop, Waterlily.

110. Listless, Earthquake, Ransack.

111. Rampart, Password, Peaceable.

112. Wisecrack, Blockage, Forward.

113. Kidnap, Falsehood, Troublesome.

114. Deadlock, Peacemaker, Boyfriend.

115. Setback, Topmost, Carefree.

116. Wholesale, Batten, Haywire.

117. Eyesore, Breakable, Bottleneck.

118. Beloved, Wildlife, Goodwill.

119. Handsome, Foolhardy, Barrage.

120. Reflection, Brigand, Knowledge.

121. Contribute, Signpost, Guesswork.

122. Bondage, Slipshod, Showman.

123. Windfall, Rotten, Rumour.

脑力挑战 11

124. Gather.

125. Genetic.

126. Grant.

127. Grief.

128. Grace.

129. Glutton.

130. Glued.

131. Great.

132. Grieve.

133. Gap.

134. Gratify.

135. Gripped.

136. Gusty.

137. Goods.

138. Gut.

139. Gnu.

140. Guile.

141. Gavel.

142. Goods.

143. Godly.

评分标准

你是否应该提前退役呢?

晋级标准（参见21页）：

低于80分	"你是否已经放弃了？" 降一级
81—100	没有进步。
101—130	晋升一级。
131+	晋升两级。

年龄嘉奖分

嘉奖分	10	10.5	11	11.5	12	12.5	13	13.5	14	14.5	15	15.5
年 龄	35	30	27	25	22	20	18	16	14	10	7	4

记忆

更多记忆信息，更多问题，但没有更多的时间。继续锻炼那些脑细胞!

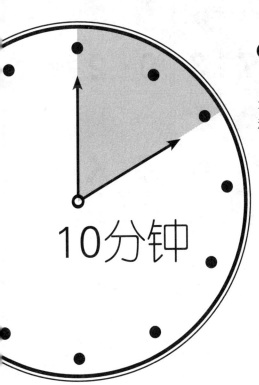

10分钟

脑力挑战 1

阅读下页的网格，阅读时间为2分钟，然后完成再下一页的测试。

一旦开始测试
不要回过来看

定好时钟，开始
本测试限时10分钟

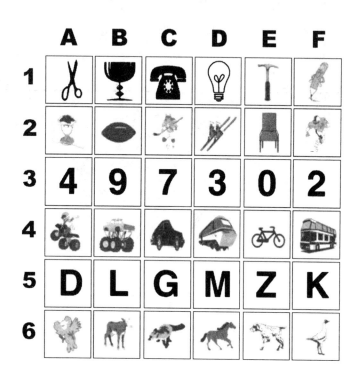

1. 从左向右看，数字7之后是什么数字？

2. 第四行的第五个物体是什么？

3. 网格中有多少个人的图片？

4. 两只鸟的位置在哪里？

5. 第一行里用玻璃制成的东西是什么？

6. 第五行中D之后的两个字母是什么？

7. 如果你把第三行的数字相加，和为多少？

8. 在方格E2中你可以看到什么家具？

9. 女孩在玩什么运动？

10. 卡通鸟在朝什么方向看？

11. 第五行中有多少个元音？

12. 剪刀的把手是朝上、朝下、朝左，还是朝右？

13. 有多少个球？

14. 方格F2中是什么？

15. 第三行两头是什么数字？

16. 在中间的4个方格中可以看到什么？

17. 第一行的第四件物体是什么？

18. 最下面一行里腿的数量是多少？

19. 右上角里的物体是什么？

20. 方格A4中是什么？

21. 数字7向上两个位置是什么物体？

22. 第一行中第五个物体是什么？

23. 跑车所在的方格是什么？

24. 第五行两端的字母分别是什么？

25. 数字2下面的物体是什么？

26. 自行车朝着什么方向？

27. 第一列中第三和第五个方格中的内容有什么相联系的地方？

28. 字母Z左边第两个位置的字母是什么？

29. 最小的数字是什么？

30. 字母M之上3个位置是什么？

1. ....

2. ....

3. ....

4. ....

5. ....

6. ....

7. ....

8. ....

9. ....

10. ....

11. ....

12. ....

13. ....

14. ....

15. ....

16. ....

17. ....

18. ....

19. ....

20. ....

21. ....

22. ....

23. ....

24. ....

25. ....

26. ....

27. ....

28. ....

29. ....

30. ....

答案页码
223

10分钟

脑力挑战 2

　　阅读下页的菜单，阅读时间为2分钟，然后完成再下一页的测试。

一旦开始测试
不要回过来看

定好时钟，开始

本测试限时10分钟

国际菜单

印度菜		法国菜	
开胃菜	价格（卢比）	开胃菜	价格（法郎）
萨摩萨	1200	蜗牛	20
帕可拉	1200	青蛙腿	20
串烧羊肉卷	900		
		主菜	
主菜		烤大牛排	80
咖哩鸡	3000	红酒炖牛肉	60
香草羊肉	3000	蔬菜杂烩	40
巴辣鸡	3600		
腰果滑汁鸡	3000	**甜点**	
泥炉烤鸡	3600	橙味薄饼	30
（不包括米饭）			
		意大利菜	
甜点		开胃菜	价格（里拉）
库菲冰淇淋	1200	蔬菜浓汤	2400
香蕉炸面团	1800		
		主菜	
英国菜		意大利番茄牛肉面	6000
开胃菜	价格（英镑）	卤汁面条	6000
西红柿汤	2.00	比萨饼（各种浇头）	4800
韭菜鸡汤	2.00		
		甜点	
主菜		冰淇淋	2400
烤牛肉和约克郡布丁	6.00	萨白利昂甜酒	3600
肉馅马铃薯饼	4.00		
威尔士干酪	4.00		
甜点			
果酱布丁卷与蛋奶甜羹	2.00		
苹果派和奶油	3.00		

不接受信用卡

1. 有4种烹饪可供选择，它们分别是什么？
2. 在印度菜菜单上，有多少种主菜可以选择？
3. 在法国菜菜单上，有多少种开胃菜？
4. 意大利菜单上的番茄牛肉面价格为多少？
5. 烤大牛排的价格比红酒炖牛肉的价格便宜吗？
6. 烤牛肉和约克郡布丁的价格是多少？
7. 印度菜菜单上开胃菜中一种羊肉菜的名字是什么？
8. 英国菜菜单上有多少种甜点？
9. 法国菜菜单上的主菜比意大利菜单上的主菜多吗？
10. 这个菜单的大标题是什么？
11. 哪个菜单有香蕉炸面团？
12. 哪些菜单有汤作开胃菜？
13. 泥炉烤鸡包括米饭吗？
14. 橙味薄饼的价格是多少？
15. 肉馅马铃薯饼的价格是多少？
16. 菜单上总共有多少种汤？
17. 比萨饼上有各种浇头吗？
18. 菜单最下面写的一行字是什么？
19. 意大利菜菜单上的两道甜点是什么？
20. 印度菜菜单上有多少种开胃菜？
21. 英国菜菜单上有两种汤作开胃菜，其名称是什么？
22. 印度菜菜单上最便宜的开胃菜是什么？
23. 哪个菜单上的甜点具有最少的选择性？
24. 你选择青蛙腿和烤大牛排。你需要付多少钱？
25. 印度菜菜单上有多少种主菜？
26. 意大利菜菜单上的开胃菜是什么？
27. 你选择蔬菜杂烩作主菜。你选自哪个菜单？
28. 你从英国菜菜单上选择西红柿汤和肉馅马铃薯饼，你需要付多少钱？
29. 你选择卤汁面条和萨白利昂甜酒，你需要付多少钱？
30. 法国菜单上的咖啡是多少钱？

1. ....

2. ....

3. ....

4. ....

5. ....

6. ....

7. ....

8. ....

9. ....

10. ....

11. ....

12. ....

13. ....

14. ....

15. ....

16. ....

17. ....

18. ....

19. ....

20. ....

21. ....

22. ....

23. ....

24. ....

25. ....

26. ....

27. ....

28. ....

29. ....

30. ....

10分钟

　　阅读下页的电视节目表，阅读时间为2分钟，然后完成再下一页的测试。

一旦开始测试
不要回过来看

定好时钟，开始
本测试限时10分钟

"收视指南"

1996年7月19日 星期六

频道1		频道2		频道3	
5:50	海岸侦探	6:00	电影:致命武器	5:15	电影:金手指
6:35	新闻	7:40	体育	7:00	足球预告
7:00	老友记	8:00	电影:低俗小说	7:45	新闻与天气
7:45	篮球	9:50	新闻	8:05	电影:极速2
8:45	新闻	10:00	电影:似是故	10:15	电影:与狼共舞
9:00	电影:壮志凌云		人来		
11:40	新闻	11:45	电影:红粉佳人		

1. 有多少个频道?

2. 收视指南的日期是什么?

3. 频道3有多少节目?

4. 频道1有多少电影?

5. 频道2的第一个节目是什么时间播出?

6. 电影《极速2》在什么时间放映?

7. 总共有多少电影?

8. 10:00在频道2你可以看到什么电影?

9. 频道1有多少新闻节目?

10. 频道1什么时间是第一个新闻节目?

11. 7:40在频道2是什么节目?

12. 《老友记》在什么时间放映?

13. 电影《红粉佳人》在什么时间放映?

14. 《金手指》是在频道3还是在频道2?

15. 《似是故人来》在什么时间结束?

16. 《篮球》在什么时间开始?

17. 《足球预告》是在频道2吗?

18. 总共有多少新闻节目?

19. 《壮志凌云》在什么时间开始?

20. 《低俗小说》在什么时间结束?

1. ....

2. ....

3. ....

4. ....

5. ....

6. ....

7. ....

8. ....

9. ....

10. ....

11. ....

12. ....

13. ....

14. ....

15. ....

16. ....

17. ....

18. ....

19. ....

20. ....

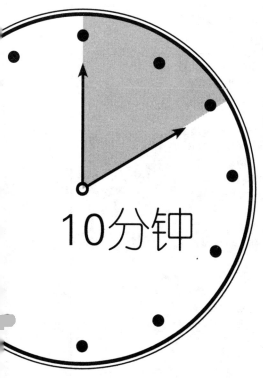

10分钟

阅读下页的诗，阅读时间为3分钟，然后完成再下一页的测试。

一旦开始测试
不要回过来看

定好时钟，开始
本测试限时10分钟

夜

作者：威廉·布莱克

太阳西方沉落，
晚星已然闪烁；
鸟儿静伏于巢所，
我也须寻我的窝。
月亮，如一朵花，
盛开在天堂的高塔里，
蕴涵沉默的欣欢
微笑着朝向夜晚。

别了，绿野和愉悦的树林，
这里的羊群已感到欢欣。
小羊细嚼着嫩草，
天使们明亮的双足寂静地游巡；
他们悄然撒下福祉，
所赐欢娱无有终止，
撒向每株蓓蕾与花丛，
撒向每个熟睡的心胸。

他们探望每个不设防的巢窠，
鸟儿在那里都被温暖地荫盖；
他们造访每间野兽的洞窝，
令它们都远离外面的伤害。
倘若见到有谁本已该入睡
却仍不住地哀伤垂泪，
他们便将睡意注入其脑间，
然后坐在它们床前。

当虎狼发出掠食的嚎呼，
他们会怜悯地伫立哭泣；
将它们的饥渴全然驱逐，
使它们远离羊群。
然而若它们来势凶猛，
天使们，最是警醒，
接纳每个温和的灵魂，
让新世界继而生存。

1. 这里有多少诗节？

2. 太阳落在了什么地方？

3. 第一节的第一行是什么？

4. 鸟儿伏于巢所。它们在干什么？

5. 月亮被描述作什么？

6. 什么在细嚼着嫩草？

7. 是天使们明亮的双手还是天使们明亮的双足？

8. 什么动物发出掠食的嚎呼？

9. 最后一节的最后一行是什么？

10. 鸟儿是被温暖地荫盖，还是被冷冷地荫盖？

11. 将下面一句话补充完整："他们便将睡意注入其脑间，然后坐在……"

12. 是将虎狼的饥全然驱逐，还是将虎狼的渴全然驱逐？

13. 天使们将狼的饥/渴全然驱逐，目的使让它们远离什么？

14. 通过接纳每个温和的灵魂，希望什么继而生存？

15. 将下面一句话补充完整："别了，绿野和……"

16. 这首诗中提到了几种动物？

17. 是北极星已然闪烁，还是晚星已然闪烁？

18. 这首诗的作者是谁？

19. 这首诗的题目是什么？

20. 高塔是在哪里的？

1. ....

2. ....

3. ....

4. ....

5. ....

6. ....

7. ....

8. ....

9. ....

10. ....

11. ....

12. ....

13. ....

14. ....

15. ....

16. ....

17. ....

18. ....

19. ....

20. ....

10分钟

脑力挑战 5

　　阅读下页的学校课程表，阅读时间为3分钟，然后完成再下一页的测试。

一旦开始测试
不要回过来看

定好时钟，开始
本测试限时10分钟

时间	星期一	星期二	星期三	星期四	星期五
9:00—10:30	数学	英国文学	法语	数学	生物学
15分钟休息					
10:45—12:30	英国文学	法语	英国文学	自修	英国文学
午饭	午饭	午饭	午饭	午饭	午饭
2:00—3:00	自修	经济学	生物学	地理学	数学
15分钟休息					
3:15—4:30	地理学	数学	英国文学	英语	地理学

爱德华六世国王高中
春季课程表

1. 这所学校的名字是什么?

2. 这是夏季学期的课程表，还是春季学期的课程表?

3. 午饭什么时间开始?

4. 午饭什么时间结束?

5. 一周有几次15分钟的休息?

6. 一天什么时间结束?

7. 一周中哪两天有自修?

8. 星期二上午的第一节课是什么?

9. 星期五下午的最后一节课是什么?

10. 星期一上午数学课之后的一节课是什么?

11. 一周中有多少节生物学课?

12. 午饭前的课什么时间开始?

13. 星期一的课有哪些，顺序是什么样的?

14. 星期一和星期二有多少节地理学课?

15. 星期四下午地理学课之后是英国文学还是英语?

16. 星期五的数学课什么时间开始?

17. 星期四有数学课吗?

18. 星期五上午有什么课?

19. 第一节课什么时间结束?

20. 星期四有法语课吗?

1. ....

2. ....

3. ....

4. ....

5. ....

6. ....

7. ....

8. ....

9. ....

10. ....

11. ....

12. ....

13. ....

14. ....

15. ....

16. ....

17. ....

18. ....

19. ....

20. ....

答案页码
225

10分钟

脑力挑战 6

　　阅读下页的扑克牌排列，阅读时间为2分钟，然后完成再下一页的测试。

一旦开始测试
不要回过来看

定好时钟，开始
本测试限时10分钟

1. 第一列有多少张牌?

2. 总共有多少张牌?

3. 第四列有多少张牌?

4. 有多少张牌上面有皇后（Q）?

5. 在哪一列你可以找到方块9?

6. 在哪一列你可以找到方块10?

7. 红桃4下面是一张什么牌?

8. 方块J上面是一张什么牌?

9. 第四列的最后一张牌是什么?

10. 红桃ACE上面是一张什么牌?

11. 第三列中有扑克牌7或8吗?

12. 总共有多少张梅花牌?

13. 总共有多少张方块牌?

14. 红桃10有多少张?

15. 在哪一列你可以找到方块3?

16. 你可以在第二列还是第三列找到红桃ACE?

17. 有多少张K牌?

18. 第二列中第五张牌是什么?

19. 第一列中的第一张牌是什么?

20. 黑桃3是第二列中的最后一张牌吗?

1. ....
2. ....

3. ....
4. ....

5. ....
6. ....

7. ....
8. ....

9. ....
10. ....

11. ....
12. ....

13. ....
14. ....

15. ....
16. ....

17. ....
18. ....

19. ....
20. ....

答案页码
225

10分钟

阅读下页旅行社张贴在橱窗的信息，阅读时间为2分钟，然后完成再下一页的测试。

一旦开始测试
不要回过来看

定好时钟，开始

本测试限时10分钟

科斯岛 14 个夜晚供
应三餐$310
6月2日

本周特惠

伦敦周末
大皇宫酒店3个夜晚
供应三餐$350

赞特岛14个夜晚
半食宿$229
7月15日

奥兰多14个夜晚
仅房价$449
6月13日

悉尼21个夜晚
全包$2010
6月10日

马略卡岛7个夜晚
供应三餐$159
6月8日

法兰克福
14个夜晚自备
食物$1000
6月16日

特内里费岛14个
夜晚供应三餐$449
12月15日

航班折扣

10%OFF	阿姆斯特丹
10%OFF	巴黎
25%OFF	帕尔马
15%OFF	贝尼多姆
10%OFF	旧金山
10%OFF	悉尼
20%OFF	德里
25%OFF	阿尔加维
15%OFF	尼斯

1. 有多少个航班折扣?

2. "本周特惠"的目的地是什么?

3. "伦敦周末"的酒店名字是什么?

4. 到奥兰多旅游度假的价格是多少?

5. 到法兰克福旅游度假是"仅房价"还是"自备食物"?

6. 到阿姆斯特丹的航班折扣是多少?

7. 总共有多少种旅游度假产品?

8. 哪一种旅游最便宜?

9. 如果你想于7月15日去度假,你会去哪里?

10. 你能说出4个供应三餐的旅游度假产品吗?

11. "伦敦周末"有多少个夜晚?

12. "伦敦周末"是 $320还是 $350?

13. 哪个旅游度假产品的价格是 $449?

14. 6月16日价格为 $1000的旅游目的地是什么?

15. 有多少14个晚上的旅游度假产品?

16. 到德里的航班折扣是多少?

17. 哪两个航班的折扣是25%?

18. 哪两个航班的折扣是15%?

19. 到尼斯的航班折扣是多少?

20. 到法兰克福旅游度假的价格是多少?

1. ....

2. ....

3. ....

4. ....

5. ....

6. ....

7. ....

8. ....

9. ....

10. ....

11. ....

12. ....

13. ....

14. ....

15. ....

16. ....

17. ....

18. ....

19. ....

20. ....

答案页码
226

参考答案

脑力挑战 1

1. 3
2. 自行车
3. 2
4. 底行
5. 酒杯和灯泡
6. L和G
7. 26
8. 一把椅子
9. 曲棍球
10. 朝着页面的左边
11. 没有一个
12. 朝下
13. 2
14. 足球运动员
15. 4，2。
16. 7，3，跑车和火车
17. 一个灯泡
18. 20
19. 铅笔
20. 摩托车和骑手
21. 电话机
22. 锤子
23. C4
24. D和K
25. 公共汽车
26. 朝着右边
27. D是字母表中的第4个字母
28. G
29. O
30. 一对滑雪板

脑力挑战 2

1. 印度菜、英国菜、法国菜和意大利菜。
2. 5
3. 2
4. 6000里拉
5. 不
6. 6英镑
7. 串烧羊肉卷
8. 2
9. 一样多
10. 国际菜单
11. 印度菜
12. 意大利菜和英国菜
13. 不
14. 30法郎
15. 4英镑
16. 3
17. 有
18. 不接受信用卡
19. 冰淇淋和萨白利昂甜酒
20. 3
21. 西红柿汤和韭菜鸡汤
22. 串烧羊肉卷，900卢比。
23. 法国菜
24. 100法郎
25. 5
26. 蔬菜浓汤
27. 法国菜
28. 6英镑
29. 9600里拉
30. 没有咖啡。

脑力挑战 3

1. 3
2. 1996年7月19日
3. 5
4. 1
5. 6:00
6. 8:05
7. 8
8. 《似是故人来》
9. 3
10. 6:35
11. 体育
12. 7:00
13. 11:45
14. 频道3
15. 11:45
16. 7:45
17. 不是
18. 5
19. 9:00
20. 9:50

脑力挑战 4

1. 4
2. 西方
3. 太阳西方沉落
4. 它们保持沉默
5. 一朵花
6. 小羊
7. 双足
8. 虎和狼
9. 让新世界继而生存
10. 被温暖地荫盖
11. 它们床前
12. 是饥渴
13. 羊群
14. 新世界
15. 愉悦的树林
16. 4
17. 晚星
18. 威廉·布莱克
19. 夜
20. 天堂

脑力挑战 5

1. 爱德华六世国王高中
2. 春季
3. 12:30
4. 2:00
5. 10
6. 4:30
7. 星期一和星期四
8. 英国文学
9. 地理学
10. 英国文学
11. 2
12. 10:45
13. 数学，英国文学，自修，地理学
14. 1
15. 英语
16. 2:00
17. 有
18. 生物学和英国文学
19. 10:30
20. 没有

脑力挑战 6

1. 6
2. 26
3. 6
4. 1
5. 第四列
6. 第三列
7. 黑桃9
8. 红桃皇后（红桃Q）
9. 红桃7
10. 黑桃4
11. 8
12. 1
13. 6
14. 2
15. 第二列
16. 第二列
17. 2
18. 黑桃K
19. 方块8
20. 是

脑力挑战 7

1. 9
2. 科斯岛
3. 大皇宫酒店
4. ＄449
5. 自备食物
6. 10%
7. 8
8. 马略卡岛，＄159
9. 赞特岛
10. 科斯岛，马略卡岛，特内里费岛，伦敦
11. 3个夜晚
12. ＄350
13. 奥兰多，特内里费岛
14. 法兰克福
15. 5
16. 20%
17. 帕尔马，阿尔加维
18. 贝尼多姆，尼斯
19. 15%
20. ＄1000

评分标准

脑力体操课损伤你的记忆力了吗?

晋级标准（参见21页）:

每个测试平均得分

低于6分	"建议你换一种行业。"降一级
7—10	没有进步。
11—14	晋升一级。
15+	晋升两级，并且入选特种部队。

年龄嘉奖分

嘉奖分	10	10.5	11	11.5	12	12.5	13	13.5	14	14.5	15	15.5
年　龄	3	3	3	3	2	2	2	2	1	1	1	1

空间思维

利用你的逻辑思维和空间思维能力，完成这最后一个耐力测试。考虑你是否适合在门萨特种部队服役。

脑力挑战 1

下面哪一个与其他不同类？

1.

A   B   C   D   E

2.

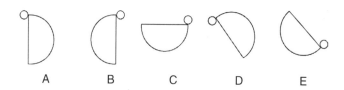

A   B   C   D   E

3.

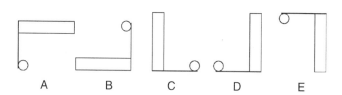

A   B   C   D   E

答案页码
244

4.

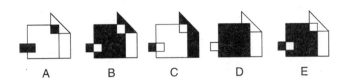

A   B   C   D   E

5.

A   B   C   D   E

6.

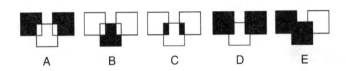

A   B   C   D   E

7.

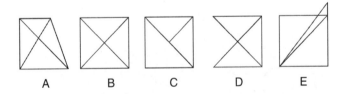

A   B   C   D   E

8.

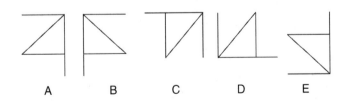

A   B   C   D   E

答案页码
244

9.

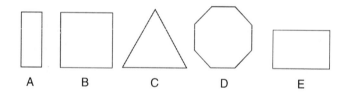

A   B   C   D   E

10.

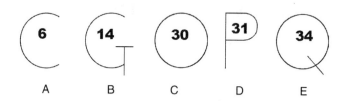

A   B   C   D   E

脑力挑战 2

问号处应该填入A、B、C、D中哪一个图形?

11.

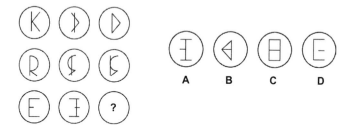

12.

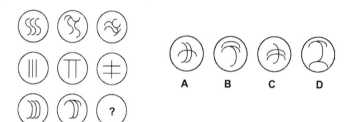

13.

A　　　B　　　C　　　D

14.

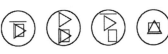

A　　　B　　　C　　　D

15.

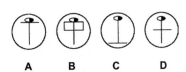

A　　　B　　　C　　　D

脑力挑战　3

盒子每一面上的符号都不同。下面哪一个不是同一个盒子的视图？

16.

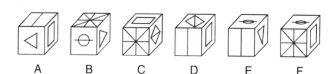

A　　　B　　　C　　　D　　　E　　　F

17.

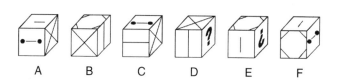

A　　　B　　　C　　　D　　　E　　　F

18.

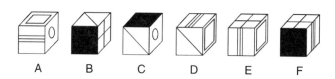

A　　　B　　　C　　　D　　　E　　　F

19.

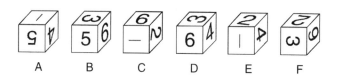

A　　　B　　　C　　　D　　　E　　　F

20.

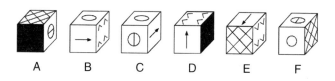

A　　　B　　　C　　　D　　　E　　　F

脑力挑战 4

下面哪个盒子可以从模板制得？

21

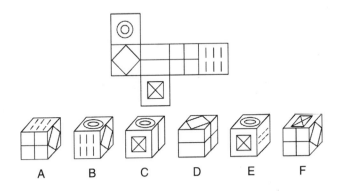

22.

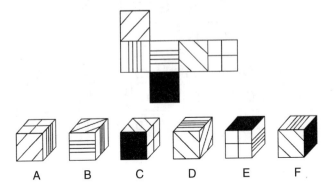

23.

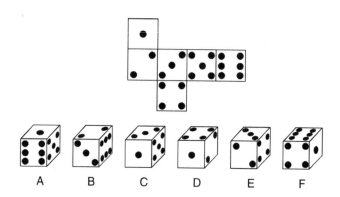

24.

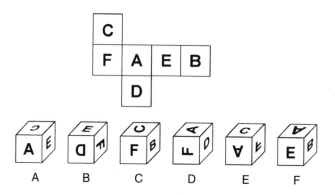

25.

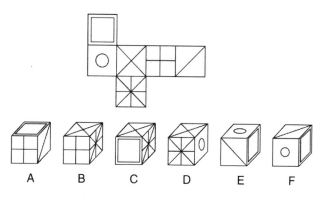

脑力挑战 5

下面的都是镜像问题。给出的4个图像中有一个错误。

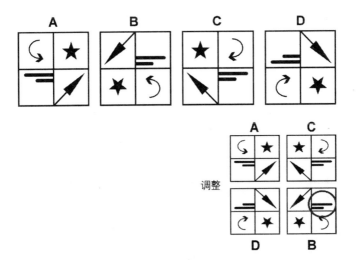

26.

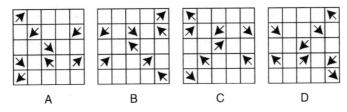

A　　　　　B　　　　　C　　　　　D

27.

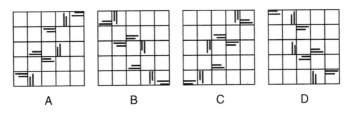

A　　　　　B　　　　　C　　　　　D

28.

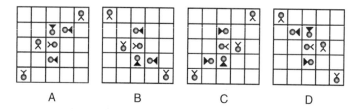

A   B   C   D

29.

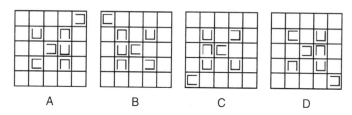

A   B   C   D

30.

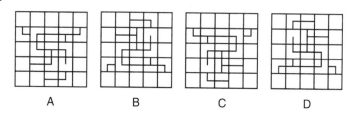

A   B   C   D

答案页码
245

脑力挑战 6

"？"处应选A、B、C、D中哪一个图形？

31.

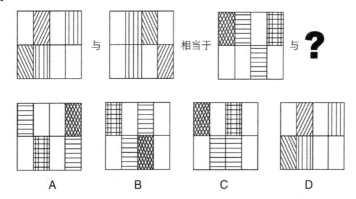

32.

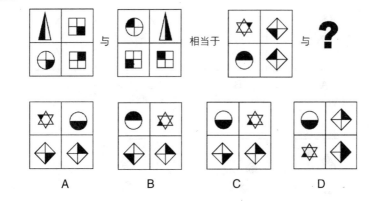

33.

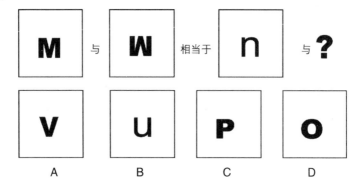

A   B   C   D

34.

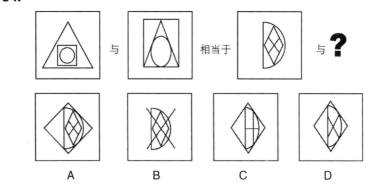

A   B   C   D

35.

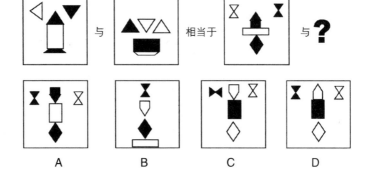

A   B   C   D

答案页码
245

脑力挑战 7

如果一条线经过所有的点至少一次，那么A、B、C、D、E中哪个形状不能从这些点画得?

36.

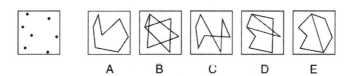

37.

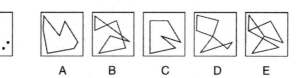

38.

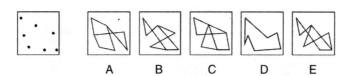

39.

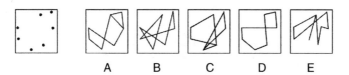

40.

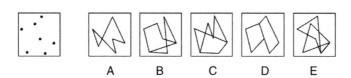

答案页码
245

脑力挑战 8

下面序列中问号处应该为A、B、C、D中的哪一个图形?

41.

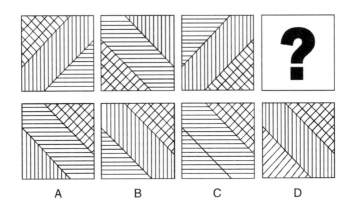

A　　　　B　　　　C　　　　D

42.

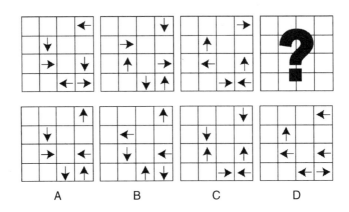

A　　　　B　　　　C　　　　D

43.

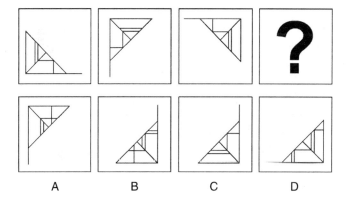

A   B   C   D

44.

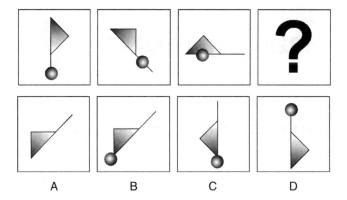

A   B   C   D

45.

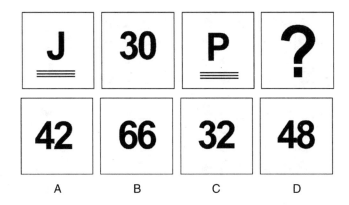

A   B   C   D

46.

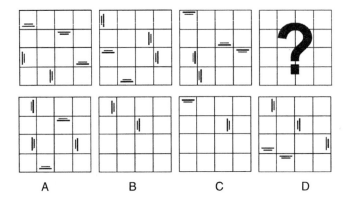

A   B   C   D

47.

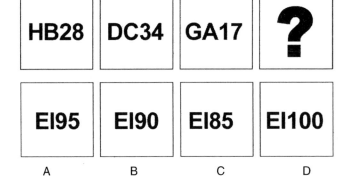

| HB28 | DC34 | GA17 | ? |

| EI95 | EI90 | EI85 | EI100 |

A   B   C   D

48.

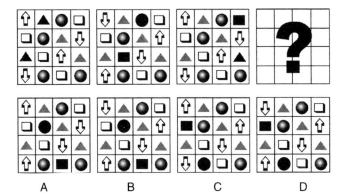

A   B   C   D

49.

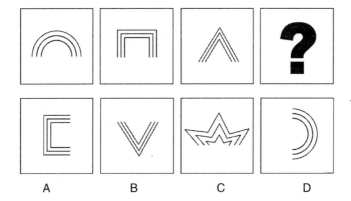

A   B   C   D

50.

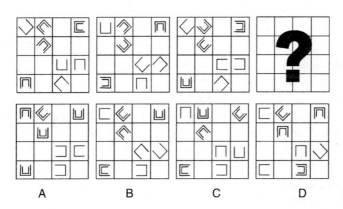

A   B   C   D

答案页码
245

参考答案

脑力挑战 **1**

1. C。其他匹配成对。

2. B。其他相互旋转而成。

3. D。其他相互旋转而成。

4. E。只有两个部分阴影；其他有三个部分。

5. E。唯一一个中间正方形为白色。

6. E。不是围绕中垂线对称。

7. D。其他有六条线。

8. A。其他相互旋转而成。

9. C。不是围绕水平轴对称。

10. D。数字表示字母在字母表中位置数的两倍。

脑力挑战 **2**

11. D。字母翻转，木棒向左移动。

12. C。一条垂线向一个水平位置移动，然后两条线向一个水平位置移动。

13. B。第一个字母包含两条直线，第二个字母包含三条直线，第三个字母包含四条直线。

14. B。垂直物体顺时针旋转 45°，然后继续顺时针旋转 45°，然后翻倍。

15. C。水平物体向下移动，小形状向下然后再向上移动。

脑力挑战 **3**

16. A   **17.** B

18. D   **19.** D

20. E

脑力挑战 **4**

21. B   **22.** C

23. E   **24.** D

25. A

脑力挑战 **5**

26. B

27. D

28. D

29. C

30. A

脑力挑战 **6**

31. A。各个部分顺时针旋转3个位置。

32. C。方格顺时针旋转，相反部分变阴影。

33. B。同样的上下颠倒。

34. D。形状变长，外部形状移动。

35. C。白色形状顺时针旋转90°。黑色形状旋转180°。黑色变成白色，白色变成黑色。

脑力挑战 **7**

36. E

37. C

38. D

39. E

40. A

脑力挑战 **8**

41. A。方格逆时针旋转90°。

42. B。每个部分逆时针旋转90°。

43. C。顺时针旋转90°。

44. B。逆时针旋转45°，圆一道移动。

45. D。字母在字母表中的位置数乘以线数。

46. D。每个方格的线条逆时针依次旋转90°。

47. A。字母在字母表中的位置数翻转。

48. D。箭头翻转方向。阴影移动一个位置。

49. C。线向下指。

50. B。每个形状顺时针旋转，1条线45°，两条线90°。

评分标准

你的命运取决于这次测试的结果。

晋级标准（参见21页）：

低于20分　　降一级
21—30　　　没有晋级。
31—40　　　晋升一级。
41+　　　　 晋升两级。

年龄嘉奖分

嘉奖分	10	10.5	11	11.5	12	12.5	13	13.5	14	14.5	15	15.5
年　龄	10	10	8	8	7	6	6	5	4	3	2	1

草稿区

草稿区

草稿区

草稿区

草稿区